제3회 한국사능력검정시험 모의고사 문제지

성명		수험번호									

○ 자신이 선택한 등급의 문제지인지 확인하시오.

○ 문제지에 성명과 수험번호를 정확히 쓰시오.

○ 답안지에 성명과 수험번호를 쓰고, 또 수험번호와 답을 정확히 표시하시오.

※ 부정행위 등 응시자 유의사항을 다시 한 번 확인하시기 바랍니다.

시험이 시작되기 전까지 문제지를 넘기지 마시오.

제3회 한국사능력검정시험 문제지

---

01 (가) 시대에 처음 제작된 유물로 옳은 것은?　　　[1점]

선사 문화 축제

농경과 정착 생활이 시작된 ▢(가)▢ 시대로 떠나요!

- 일시: 2020년 ○○월 ○○일~○○일
- 주최: △△ 문화 재단

움집 생활
체험하기

가락바퀴로
실 뽑기

갈돌과 갈판으로
곡식 갈기

① ② ③ ④

---

02 다음 퀴즈의 정답으로 옳은 것은?　　　[2점]

1단계 청동기 문화를 바탕으로 성립하였다.

2단계 평양성을 도읍으로 삼았다.

3단계 범금 8조가 있었다.

4단계 한 무제의 공격으로 멸망하였다.

제시된 단계별 힌트를 종합하여 알 수 있는 국가는 어디일까요?

① 동예　　② 부여　　③ 고구려　　④ 고조선

---

03 (가)에 들어갈 내용으로 옳은 것은?　　　[2점]

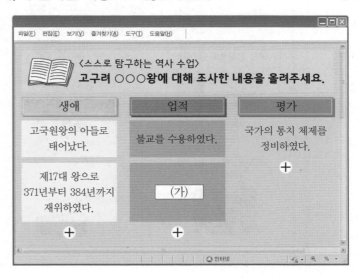

파일(F)　편집(E)　보기(V)　즐겨찾기(A)　도구(T)　도움말(H)

〈스스로 탐구하는 역사 수업〉
고구려 ○○○왕에 대해 조사한 내용을 올려주세요.

생애	업적	평가
고국원왕의 아들로 태어났다.	불교를 수용하였다.	국가의 통치 체제를 정비하였다.
제17대 왕으로 371년부터 384년까지 재위하였다.	(가)	

① 태학을 설립하였다.　　② 병부를 설치하였다.

③ 화랑도를 정비하였다.　　④ 웅진으로 천도하였다.

---

04 (가), (나) 사이의 시기에 있었던 사실로 옳은 것은?　　　[2점]

(가) 장수왕 63년, 왕이 군사 3만 명을 거느리고 백제에 침입하여 도읍인 한성을 함락시키고 백제 왕을 죽였다.

(나) 보장왕 4년, 당의 여러 장수가 안시성을 공격하였다. …… [당군이] 밤낮으로 쉬지 않고 60일간 50만 명을 동원하여 토산을 쌓았다. …… 고구려군 수백 명이 성이 무너진 곳으로 나가 싸워서 마침내 토산을 빼앗았다.

① 원종과 애노가 봉기하였다.

② 김흠돌이 반란을 도모하였다.

③ 을지문덕이 수의 군대를 물리쳤다.

④ 장문휴가 당의 산둥반도를 공격하였다.

제3회 한국사능력검정시험 문제지

기본 54회 6번

05 (가) 나라에 대한 탐구 활동으로 가장 적절한 것은? [3점]

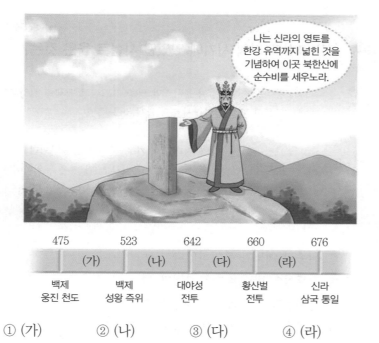

① 사비로 천도한 이유를 파악한다.
② 우산국을 복속한 과정을 살펴본다.
③ 청해진을 설치한 목적을 조사한다.
④ 구지가가 나오는 건국 신화를 분석한다.

기본 48회 5번

06 다음 사건이 일어난 시기를 연표에서 옳게 고른 것은? [3점]

나는 신라의 영토를 한강 유역까지 넓힌 것을 기념하여 이곳 북한산에 순수비를 세우노라.

475	523	642	660	676
(가)	(나)	(다)	(라)	
백제 웅진 천도	백제 성왕 즉위	대야성 전투	황산벌 전투	신라 삼국 통일

① (가)   ② (나)   ③ (다)   ④ (라)

기본 55회 9번

07 (가) 국가에 대한 설명으로 옳은 것은? [2점]

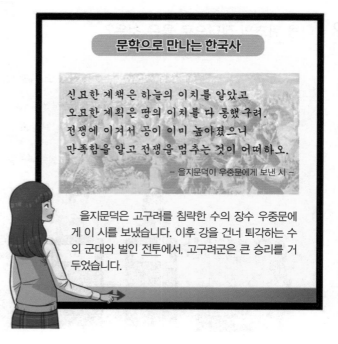

이곳 옛 상경 용천부의 절터에는 높이 6.3m의 거대한 석등이 남아 있습니다. 이 석등을 통해 전성기에 해동성국이라 불렸던 (가) 의 융성한 불교 문화를 알 수 있습니다.

① 기인 제도를 실시하였다.
② 9주 5소경을 설치하였다.
③ 한의 침략을 받아 멸망하였다.
④ 대조영이 동모산에서 건국하였다.

기본 51회 8번

08 밑줄 그은 '전투'로 옳은 것은? [2점]

문학으로 만나는 한국사

신묘한 계책은 하늘의 이치를 알았고
오묘한 계획은 땅의 이치를 다 통했구려.
전쟁에 이겨서 공이 이미 높아졌으니
만족함을 알고 전쟁을 멈추는 것이 어떠하오.

– 을지문덕이 우중문에게 보낸 시 –

을지문덕은 고구려를 침략한 수의 장수 우중문에게 이 시를 보냈습니다. 이후 강을 건너 퇴각하는 수의 군대와 벌인 전투에서, 고구려군은 큰 승리를 거두었습니다.

① 명량 대첩   ② 살수 대첩   ③ 황산 대첩   ④ 한산도 대첩

제3회 한국사능력검정시험 문제지

09 (가)에 해당하는 인물로 옳은 것은? [2점]

① 계백　② 검모잠　③ 김유신　④ 흑치상지

11 (가) 인물에 대한 설명으로 옳은 것은? [2점]

① 삼국사기를 편찬하였다.
② 금국 정벌을 주장하였다.
③ 화약 무기를 개발하였다.
④ 고려에 성리학을 소개하였다.

10 (가)~(다)를 일어난 순서대로 옳게 나열한 것은? [2점]

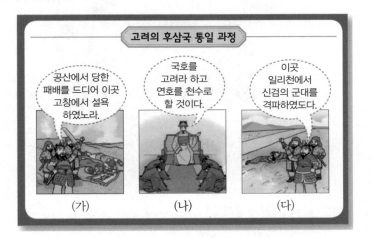

① (가) - (나) - (다)　② (가) - (다) - (나)
③ (나) - (가) - (다)　④ (다) - (가) - (나)

12 밑줄 그은 '이 책'으로 옳은 것은? [1점]

① 발해고　　② 동국통감
③ 동사강목　④ 삼국유사

기본 50회 13번

13 (가) 인물의 활동으로 옳은 것은? [2점]

① 우산국을 정복하였다.
② 4군 6진을 설치하였다.
③ 강동 6주를 확보하였다.
④ 동북 9성을 축조하였다.

기본 55회 15번

14 밑줄 그은 '이 국가'의 경제 상황으로 옳은 것은? [3점]

이곳은 전라남도 나주 등지에서 거둔 세곡 등을 싣고 이 국가의 수도인 개경으로 향하다 태안 앞바다에서 침몰한 배를 복원한 것입니다. 발굴 당시 수많은 청자와 함께 화물의 종류, 받는 사람 등이 기록된 목간이 다수 발견되었습니다.

① 전시과 제도가 실시되었다.
② 고구마, 감자가 널리 재배되었다.
③ 모내기법이 전국적으로 확산되었다.
④ 시장을 감독하기 위한 동시전이 설치되었다.

기본 54회 16번

15 다음 퀴즈의 정답으로 옳은 것은? [2점]

이 인물은 정혜결사를 조직하였으며, 선과 교를 함께 닦아야 한다는 정혜쌍수를 주장하였습니다. 보조국사라고도 하는 이 인물은 누구일까요?

한국사 퀴즈 대회

① 지눌
② 요세
③ 혜초
④ 원효

기본 52회 15번

16 학생들이 공통으로 이야기하고 있는 왕의 업적으로 옳은 것은? [2점]

원에 볼모로 갔다가 고려의 왕이 되었어.

몽골식 풍습을 금지하고 기철을 비롯한 친원 세력을 제거하였어.

신돈을 등용하여 전민변정도감을 설치하였어.

노국 대장 공주와의 사랑 이야기는 인상적이었어.

① 균역법을 시행하였다.
② 독서삼품과를 실시하였다.
③ 삼강행실도를 편찬하였다.
④ 철령 이북의 땅을 되찾았다.

17 다음에 해당하는 문화유산으로 옳은 것은? [1점]

기본 52회 16번

세계유산 | 세계기록유산 | 무형문화유산

기본 정보 | **상세 설명**

두 사람이 상대방의 샅바나 바지의 허리춤을 잡고 상대를 바닥에 넘어뜨리는 민속놀이이다. 이 놀이는 남북한이 공동으로 등재를 신청하여 2018년에 유네스코 무형 문화유산이 되었다.

① 씨름　　② 택견　　③ 강강술래　　④ 남사당놀이

18 (가)에 들어갈 내용으로 옳은 것은? [2점]

기본 52회 18번

조선의 건국 과정을 소개합니다

한양 천도

조선 건국

과전법 실시

(가)

① 비변사 혁파　　　　② 위화도 회군
③ 대전회통 편찬　　　　④ 훈민정음 창제

19 (가)에 들어갈 내용으로 옳은 것은? [2점]

기본 54회 18번

두 차례 왕자의 난을 통해 집권한 조선의 제3대 왕에 대해 말해 볼까요?

6조 직계제를 실시하였어요.

(가)

① 직전법을 제정하였어요.
② 호패법을 시행하였어요.
③ 장용영을 설치하였어요.
④ 척화비를 건립하였어요.

20 (가)에 해당하는 책으로 옳은 것은? [2점]

기본 54회 20번

이곳은 전주 사고(史庫)입니다. 사초와 시정기 등을 바탕으로 편찬한 ___(가)___ 을/를 보관하였던 여러 사고 중 하나입니다. 전주 사고의 ___(가)___ 은/는 전란 중에도 소실되지 않았고, 그로 인해 우리의 귀중한 역사가 전해질 수 있었습니다.

① 동의보감　　② 경국대전

③ 삼강행실도

④ 조선왕조실록

21
밑줄 그은 '이 왕'의 업적으로 옳은 것은? [1점]

우리 모둠에서는 존경하는 역사 인물로 이 인물을 선정하였습니다.

역 사 인 물 발 표 회

△△모둠

☆ 선정 이유 ☆
• 훈민정음을 창제하였다.
• 농사직설을 편찬하였다.

① 4군 6진을 개척하였다.
② 경국대전을 완성하였다.
③ 대동여지도를 제작하였다.
④ 백두산정계비를 건립하였다.

22
(가) 인물의 활동으로 옳은 것은? [3점]

이곳은 도산 서원 상덕사로 [(가)]의 위패를 모신 사당입니다. 그는 풍기 군수, 성균관 대사성 등의 관직을 역임하였으며 예안 향약을 만들었습니다.

① 거중기를 설계하였다.
② 대마도를 정벌하였다.
③ 성학십도를 저술하였다.
④ 대동여지도를 제작하였다.

23
밑줄 그은 '제도'로 옳은 것은? [2점]

공납을 특산물 대신 쌀이나 옷감, 동전으로 납부하는 제도를 전라도에도 시행한다는군.

좋은 소식일세. 얼마 전 돌아가신 김육 대감의 공이 컸다고 하더군.

① 과전법 ② 균역법 ③ 대동법 ④ 영정법

24
(가)에 들어갈 문화유산으로 옳은 것은? [2점]

문화유산 카드

[(가)]

● 종목: 국가 무형 문화재
● 소개: 조선의 역대 왕과 왕비 및 추존된 왕과 왕비의 신위를 모신 사당에서 지냈던 의례이다. 일제 강점기에는 축소되었고 해방 이후에는 한때 시행되지 않았으나, 1969년부터 다시 거행되었다.

① 연등회 ② 승전무 ③ 석전대제 ④ 종묘제례

25
밑줄 그은 '사절단'으로 옳은 것은? [2점]

이것은 일본 에도 막부의 요청으로 조선이 파견한 공식 외교 사절단에 관한 기록물입니다. 이 기록물을 통해 양국이 우호 관계 구축과 유지를 위해 노력하였다는 것을 알 수 있습니다.

① 보빙사 ② 연행사 ③ 영선사 ④ 통신사

기본 49회 25번

26 다음 특별전에서 볼 수 있는 작품으로 옳은 것은? [1점]

①
수렵도

② 인왕제색도

③ 몽유도원도

④ 고사관수도

기본 51회 25번

27 밑줄 그은 '개혁안'의 내용으로 옳은 것은? [3점]

이곳은 유형원이 학문 연구와 저술에 힘썼던 전라북도 부안군 우반동의 반계 서당입니다. 그는 이곳에 머물면서 다양한 개혁안을 담은 반계수록을 저술하였습니다.

① 균전제 실시
② 정혜결사 제창
③ 훈련도감 창설
④ 전민변정도감 설치

기본 48회 31번

28 (가)에 들어갈 인물로 옳은 것은? [2점]

역사 인물 카드

(가)

• 생몰: 1607년~1689년
• 호: 우암(尤菴)
• 주요 활동
  – 효종과 함께 북벌을 주장함
  – 예송 논쟁에서 허목과 대립함
  – 서인이 분열하면서 노론의 영수로 활약함

①
박지원

②
송시열

③
정몽주

④
채제공

기본 50회 26번

29 다음 대화가 이루어진 시기의 상황으로 옳지 않은 것은? [2점]

① 중인층의 시사 활동이 활발하였다.
② 춘향가 등의 판소리가 성행하였다.
③ 기존 형식에서 벗어난 사설시조가 유행하였다.
④ 단군의 건국 이야기를 담은 제왕운기가 저술되었다.

중급 45회 31번

30 다음 상황이 전개된 배경으로 옳은 것을 〈보기〉에서 고른 것은? [2점]

> 이때에 이르러서는 돌을 캐어 종로에 비석을 세웠다. 그 비면에는 "서양 오랑캐가 침범하는데 싸우지 않으면 곧 화의하는 것이요, 화의를 주장함은 나라를 팔아먹는 것이다."라고 썼다. 또 그 옆에는 작은 글자로 …… "병인년에 비문을 짓고 신미년에 세운다."라고 하였다.
>
> - 『대한계년사』 -

〈보 기〉
ㄱ. 일본군이 초지진을 공격하였다.
ㄴ. 영국군이 거문도를 점령하였다.
ㄷ. 미국 함대가 광성보를 함락하였다.
ㄹ. 양헌수 부대가 프랑스군을 물리쳤다.

① ㄱ, ㄴ ② ㄱ, ㄷ ③ ㄴ, ㄹ ④ ㄷ, ㄹ

기본 52회 33번

31 밑줄 그은 '거사'로 옳은 것은? [1점]

> 나는 개화 정책을 강력하게 추진하기 위해 1884년 이곳 우정총국의 개국 축하연을 이용해서 거사를 감행하였습니다. 이후 새로운 정부를 구성하였으나 청군의 개입으로 3일 만에 실패로 끝이 났습니다.

① 갑신정변 ② 을미사변 ③ 임오군란 ④ 아관 파천

기본 51회 31번

32 다음 가상 편지의 (가)에 들어갈 기구로 옳은 것은? [2점]

> 사랑하는 딸에게
>
> 아빠는 농민군의 일원으로 나라와 백성을 구하기 위해 싸우고 있단다. 전주에서 정부와 화해하고 우리가 (가) 을/를 설치하여 탐관오리를 처벌하는 등의 활동을 할 때에는 새로운 세상이 머지않아 보였어. 그런데 일본이 군대를 동원하여 궁궐을 점령하고 조정을 압박하니 농민군이 다시 나서게 되었어. 우리의 무기는 비록 변변치 못하지만 전봉준 장군을 중심으로 단결하여 기세는 하늘을 찌르고 있단다.
>
> 네 모습이 무척 그립구나. 아빠가 곧 집으로 돌아갈 터이니 엄마 말씀 잘 듣고 건강히 지내렴.
>
> 아빠가

① 기기창
② 집강소
③ 도평의사사
④ 통리기무아문

기본 48회 37번

33 (가) 단체의 활동으로 옳은 것은? [2점]

> 우리 대조선국이 독립국이 되어 세계 여러 나라와 어깨를 나란히 하니, 우리 동포 이천만이 오늘날 맞이한 행복이다. 여러 사람의 의견으로 (가) 을/를 조직하여 옛 영은문 자리에 독립문을 새로 세우고, 옛 모화관을 고쳐 독립관이라 하고자 한다. 이는 지난날의 치욕을 씻고 후손들에게 본보기를 보여 주고자 함이다.

① 형평 운동을 전개하였다.
② 만민 공동회를 개최하였다.
③ 한국 광복군을 창설하였다.
④ 한글 맞춤법 통일안을 제정하였다.

34 (가)에 들어갈 내용으로 옳은 것은?　　　　[3점]

기본 50회 32번

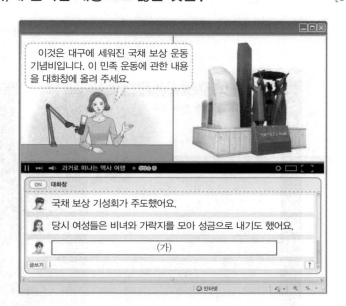

이것은 대구에 세워진 국채 보상 운동 기념비입니다. 이 민족 운동에 관한 내용을 대화창에 올려 주세요.

ON 대화창

국채 보상 기성회가 주도했어요.

당시 여성들은 비녀와 가락지를 모아 성금으로 내기도 했어요.

(가)

① 근우회의 후원으로 확산되었어요.
② 조선 총독부의 방해로 실패했어요.
③ 김홍집 등이 중심이 되어 활동했어요.
④ 대한매일신보 등 언론의 지원을 받았어요.

---

35 밑줄 그은 '새 조약'에 대한 설명으로 옳은 것은?　　　　[2점]

기본 51회 34번

나인영은 진술하기를 "광무 9년 11월에 우리 대한 제국의 외교권을 일본에 넘겨준 새 조약은 일본의 강제에 따른 것으로 황제 폐하가 윤허하지 않았고, 참정대신이 동의하지도 않았습니다. 슬프게도 5적 이지용, 이근택, 박제순 등이 제멋대로 가(可)하다고 쓰고 속여 2천만 민족을 노예로 내몰았습니다."라고 하였다.

① 운요호 사건을 계기로 체결되었다.
② 최혜국 대우를 처음으로 규정하였다.
③ 통감부가 설치되는 결과를 가져왔다.
④ 외국과 맺은 최초의 근대적 조약이었다.

---

36 (가) 명절에 행해지는 세시풍속으로 가장 적절한 것은?　　　　[1점]

기본 54회 47번

역사 신문

제△△호　　　　　　　　　1989년 ○○월 ○○일

(가) 의 부활, 3일 연휴 확정

우리나라에서는 전통적으로 음력에 근거하여 새해의 첫날을 명절로 보내왔다. 하지만 양력이 사용된 후 일제 강점기를 거치며 음력 새해의 첫날은 '구정(舊正)'으로 불리는 등 등한시 되었다. 그럼에도 음력으로 명절을 쇠는 전통은 사라지지 않았고, 1985년에 정부는 이날을 '민속의 날'이라는 이름의 국가 공휴일로 지정하였다. 그리고 1989년 드디어 (가) (이)라는 고유의 명칭으로 변경하고, 연휴로 하는 방안을 확정하였다.

① 화전놀이
② 세배하기
③ 창포물에 머리 감기
④ 보름달 보며 소원 빌기

---

37 학생들이 공통으로 이야기하고 있는 지역을 지도에서 옳게 찾은 것은?　　　　[2점]

기본 52회 19번

온조의 형 비류가 미추홀이라 불린 이 지역에 터를 잡았다고 해.

2014년 제17회 아시아 경기 대회가 개최되었어.

강화도 조약으로 부산, 원산에 이어 개항되었어.

① (가)　　② (나)　　③ (다)　　④ (라)

38 (가)에 들어갈 기구로 옳은 것은? [1점]

기본 55회 37번

저는 지금 일제 식민 통치의 최고 기구였던 (가) 청사 철거 현장에 나와 있습니다. 정부는 광복 50주년을 맞아 '역사 바로 세우기' 사업의 일환으로 이번 철거를 진행한다고 밝혔습니다.

① 조선 총독부
② 종로 경찰서
③ 서대문 형무소
④ 동양 척식 주식회사

39 밑줄 그은 '부대'로 옳은 것은? [3점]

기본 50회 37번

우표 수집 기록

이 우표는 만주에서 있었던 봉오동 전투 승리 100주년을 기념하기 위해 우정 사업 본부에서 발행한 것이다. 학교에서 홍범도 장군에 대해 인상 깊게 배운 적이 있는데, 그분이 이끈 부대가 참여했던 전투이기 때문에 더욱 관심이 간다.

봉오동 전투 전승 100주년 380

• 수집일: 2020년 ○○월 ○○일
• 수집처: ○○ 우체국

① 대한 독립군
② 조선 의용대
③ 조선 혁명군
④ 한국 광복군

40 (가)에 들어갈 내용으로 옳은 것은? [1점]

기본 49회 39번

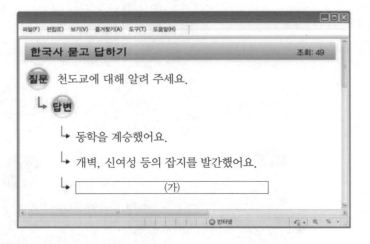

파일(F) 편집(E) 보기(V) 즐겨찾기(A) 도구(T) 도움말(H)

한국사 묻고 답하기   조회: 49

질문 천도교에 대해 알려 주세요.

↳ 답변

↳ 동학을 계승했어요.

↳ 개벽, 신여성 등의 잡지를 발간했어요.

↳ (가)

① 어린이날 제정에 기여했어요.
② 여성 교육을 위해 이화 학당을 설립했어요.
③ 을사오적 처단을 위해 자신회를 결성했어요.
④ 항일 무장 투쟁 단체인 의민단을 조직했어요.

41 (가) 민족 운동에 대한 설명으로 옳은 것은? [2점]

기본 55회 40번

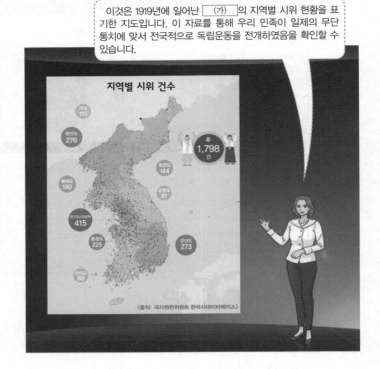

이것은 1919년에 일어난 (가) 의 지역별 시위 현황을 표기한 지도입니다. 이 자료를 통해 우리 민족이 일제의 무단 통치에 맞서 전국적으로 독립운동을 전개하였음을 확인할 수 있습니다.

지역별 시위 건수

총 1,798건

《출처: 국사편찬위원회 한국사데이터베이스》

① 개혁 추진을 위해 집강소가 설치되었다.
② 조선 물산 장려회를 중심으로 전개되었다.
③ 대한민국 임시 정부 수립의 계기가 되었다.
④ 신간회의 지원을 받아 민중 대회가 추진되었다.

42 다음 대화가 이루어진 시기를 연표에서 옳게 고른 것은? [3점]

기본 55회 41번

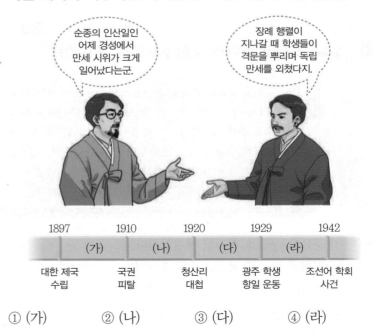

순종의 인산일인 어제 경성에서 만세 시위가 크게 일어났다는군.

장례 행렬이 지나갈 때 학생들이 격문을 뿌리며 독립 만세를 외쳤다지.

1897	1910	1920	1929	1942
(가)	(나)	(다)	(라)	
대한 제국 수립	국권 피탈	청산리 대첩	광주 학생 항일 운동	조선어 학회 사건

① (가)
② (나)
③ (다)
④ (라)

제3회 한국사능력검정시험 문제지

43 밑줄 그은 '이 시기'에 일제가 추진한 정책으로 옳은 것은?

[3점]

이 인공 동굴은 일제가 공중 폭격에 대비하여 목포 유달산 아래에 만든 방공호입니다. 국가 총동원법이 시행된 이 시기에 일제는 한국인들을 강제 동원하여 이와 같은 군사 시설을 한반도 곳곳에 만들었습니다.

① 회사령을 공포하였다.
② 미곡 공출제를 시행하였다.
③ 치안 유지법을 제정하였다.
④ 헌병 경찰 제도를 실시하였다.

44 (가)에 해당하는 인물로 옳은 것은?

[1점]

〈다큐멘터리 기획안〉

(가), 군국주의의 심장을 겨누다

◉ 기획 의도
평범한 조선 청년이 일제의 민족적 차별에 분노하며 독립운동가로 변해가는 모습을 통해 독립운동의 역사적 의미를 재조명해 본다.

◉ 구성
1부 식민지 조선 청년으로 살다.
2부 일제의 민족 차별에 눈을 뜨다.
3부 한인 애국단의 단원이 되다.
4부 도쿄에서 일왕에게 수류탄을 던지다.

① 김원봉
② 윤동주
③ 윤봉길
④ 이봉창

45 교사의 질문에 대한 답변으로 옳은 것은?

[3점]

일제는 만주 사변을 일으키고 지도에 표시된 것과 같이 자신들의 꼭두각시 정권인 만주국을 세웠습니다. 이 지역에서 독립운동을 펼치던 세력은 당시 일제의 만주 침략에 어떻게 대응하였을까요?

① 신간회를 결성하였습니다.
② 국민 대표 회의를 소집하였습니다.
③ 신흥 무관 학교를 설립하였습니다.
④ 한중 연합 작전을 전개하였습니다.

46 (가) 정책에 대한 설명으로 옳은 것은?

[2점]

정부가 (가) 을/를 실시하면서 발급한 지가 증권입니다. 당시 재정이 부족했던 정부는 지주에게 현금 대신 이것을 지급하고 농지를 매입하였습니다. 그리고 이 농지를 농민들에게 유상으로 분배하였습니다.

이것은 무엇인가요?

① 친일파 청산을 목적으로 하였다.
② 서재필, 이상재 등이 주도하였다.
③ 자작농이 증가하는 계기가 되었다.
④ 농광 회사가 설립되는 배경이 되었다.

기본 50회 48번

47 밑줄 그은 '전쟁'에 대한 설명으로 옳은 것은? [1점]

1950년에 일어난 전쟁 때 폭탄을 맞아 생겨난 흔적이란다. 이 전쟁으로 많은 이산가족이 아픔을 겪고 있지.

이 기관차에는 왜 구멍이 많은 거예요?

① 인천 상륙 작전을 전개하였다.
② 김원봉이 의열단을 조직하였다.
③ 미소 공동 위원회를 개최하였다.
④ 쌍성보에서 한중 연합 작전을 펼쳤다.

기본 52회 50번

48 (가)에 들어갈 내용으로 옳은 것은? [2점]

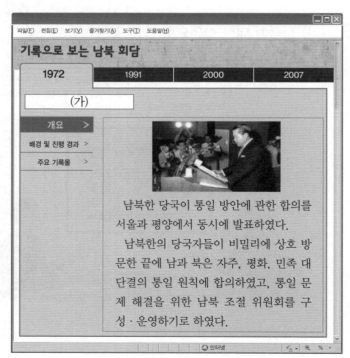

기록으로 보는 남북 회담

| 1972 | 1991 | 2000 | 2007 |

(가)

개요 >
배경 및 진행 경과 >
주요 기록물 >

남북한 당국이 통일 방안에 관한 합의를 서울과 평양에서 동시에 발표하였다.
남북한의 당국자들이 비밀리에 상호 방문한 끝에 남과 북은 자주, 평화, 민족 대단결의 통일 원칙에 합의하였고, 통일 문제 해결을 위한 남북 조절 위원회를 구성·운영하기로 하였다.

① 남북 기본 합의서
② 7·4 남북 공동 성명
③ 6·15 남북 공동 선언
④ 10·4 남북 정상 선언

기본 47회 48번

49 (가) 민주화 운동에 대한 설명으로 옳은 것은? [2점]

답사 계획서

△학년 △반 이름: △△△

• 주제: (가)
• 날짜: 2020년 ○○월 ○○일
• 답사 장소

장소	사진	설명
구 남영동 치안본부 대공분실		박종철 학생이 물고문을 당한 끝에 사망한 장소
이한열 기념관		경찰이 쏜 최루탄에 맞아 사망한 이한열 학생의 민주 항쟁을 기념하기 위한 장소
대한성공회 서울주교좌 성당		'박종철군 고문 살인 은폐·조작 규탄 및 민주 헌법 쟁취 범국민 대회'가 개최된 장소

① 대통령이 하야하는 결과를 가져왔다.
② 유신 체제가 붕괴되는 계기가 되었다.
③ 5년 단임의 대통령 직선제 개헌을 이끌어냈다.
④ 신군부의 비상계엄 확대에 반대하여 일어났다.

기본 52회 49번

50 다음 신년사를 발표한 정부 시기에 있었던 사실로 옳은 것은? [3점]

존경하는 국민 여러분!
새해를 맞아 국민 여러분 모두가 행복하시길 바랍니다. 작년 2월 25일, '국민의 정부'는 전례 없는 외환 위기 속에서 출발하였습니다. 우리 국민은 실직과 경기 침체로 인해 견디기 힘든 고통에도 불구하고 금 모으기 운동 등 할 수 있는 모든 노력을 다해 왔습니다. 국민 여러분이 한없이 고맙고 자랑스럽습니다.

① 소련, 중국과의 국교가 수립되었다.
② 한일 월드컵 축구 대회를 개최하였다.
③ 제1차 경제 개발 5개년 계획을 추진하였다.
④ 경제 협력 개발 기구(OECD)에 가입하였다.

제4회 한국사능력검정시험 모의고사 문제지

성명		수험번호										

○ 자신이 선택한 등급의 문제지인지 확인하시오.

○ 문제지에 성명과 수험번호를 정확히 쓰시오.

○ 답안지에 성명과 수험번호를 쓰고, 또 수험번호와 답을 정확히 표시하시오.

※ 부정행위 등 응시자 유의사항을 다시 한 번 확인하시기 바랍니다.

시험이 시작되기 전까지 문제지를 넘기지 마시오.

기본 55회 1번

01 (가) 시대의 생활 모습으로 옳은 것은? [1점]

> 여러분은 [(가)] 시대의 벼농사를 체험하고 있습니다. 이 시대에는 처음으로 금속 도구를 만들었으나, 농기구는 여러분이 손에 들고 있는 반달 돌칼과 같이 돌로 만들었습니다.

① 우경이 널리 보급되었다.
② 철제 무기를 사용하였다.
③ 주로 동굴이나 막집에 살았다.
④ 지배자의 무덤으로 고인돌을 만들었다.

기본 47회 3번

02 밑줄 그은 '이 나라'에 대한 설명으로 옳은 것은? [3점]

> 이것은 솟대 모형이야. 솟대는 이 나라의 소도에서 유래했다고도 해.

> 이 나라에는 제사장인 천군도 있었어.

① 범금 8조로 백성을 다스렸다.
② 영고라는 제천 행사를 열었다.
③ 서옥제라는 혼인 풍습이 있었다.
④ 신지, 읍차 등의 지배자가 있었다.

기본 51회 6번

03 (가)에 들어갈 문화유산으로 옳은 것은? [2점]

> 한국사 발표 대회
> **주제: 삼국의 대외 관계**

> 이것은 백제가 왜에 보낸 것으로 알려진 문화유산입니다. 백제와 왜의 교류를 잘 보여줍니다.

(가)

① 금동 연가 7년명 여래 입상
② 앙부일구
③ 호우명 그릇
④ 칠지도

기본 50회 5번

04 밑줄 그은 '제도'로 옳은 것은? [1점]

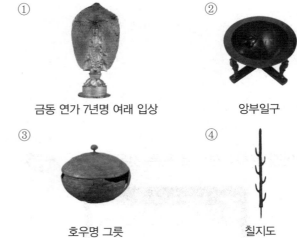

> <역사 연극 대본>
>
> S# 7. 왕이 길가에서 울고 있는 백성을 만난다.
> 고국천왕: 왜 그렇게 슬피 우느냐?
> 백성: 흉년으로 곡식을 구하기 어려워 어떻게 어머니를 봉양해야 할지 걱정이 되어 울고 있습니다.
>
> S# 8. 궁에서 신하와 국정을 논의하고 있다.
> 고국천왕: 어려운 백성을 구제할 해결책을 찾아보아라.
> 을파소: 봄에 곡식을 빌려주고 겨울에 갚게 하는 제도를 마련하겠습니다.

① 의창   ② 환곡   ③ 사창제   ④ 진대법

제4회 한국사능력검정시험 문제지

05 밑줄 그은 '이 왕'으로 옳은 것은?
[1점]

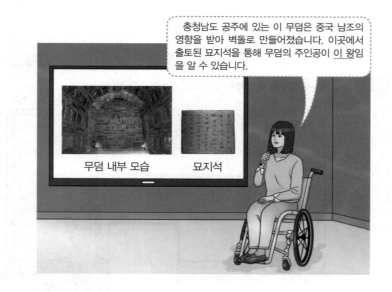

> 충청남도 공주에 있는 이 무덤은 중국 남조의 영향을 받아 벽돌로 만들어졌습니다. 이곳에서 출토된 묘지석을 통해 무덤의 주인공이 <u>이 왕</u>임을 알 수 있습니다.

무덤 내부 모습   묘지석

① 성왕   ② 고이왕   ③ 무령왕   ④ 근초고왕

---

06 (가)에 들어갈 문화유산으로 옳은 것은?
[2점]

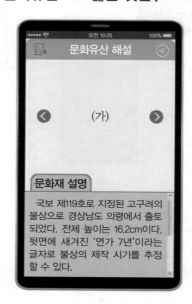

문화재 설명

국보 제119호로 지정된 고구려의 불상으로 경상남도 의령에서 출토되었다. 전체 높이는 16.2cm이다. 뒷면에 새겨진 '연가 7년'이라는 글자로 불상의 제작 시기를 추정할 수 있다.

①    ②

③    ④

---

07 다음 가상 일기의 밑줄 그은 '이 전투'로 옳은 것은?
[2점]

> 676년 ○○월 ○○일
>
> 매소성 전투에서 승리한 우리 신라군이 설인귀가 이끄는 당군을 <u>이 전투</u>에서 또다시 격파하였다는 소식을 들었다. 수많은 사람의 희생 끝에 삼국 통일이 눈앞에 다가왔으니, 이제 백성들이 좀 더 편안하게 살 수 있는 세상이 되었으면 좋겠다.

① 살수 대첩   ② 기벌포 전투
③ 안시성 전투   ④ 황산벌 전투

---

08 밑줄 그은 '이 탑'에 대한 설명으로 옳은 것은?
[2점]

> 지금 제작하고 있는 것은 백제 무왕이 창건한 미륵사 터에 남아 있는 탑의 모형입니다. <u>이 탑</u>은 건립 연대가 명확하게 밝혀진 한국의 석탑 중 가장 크고 오래되었습니다.

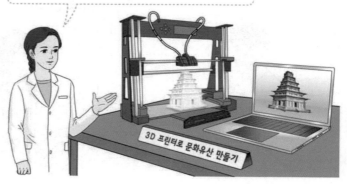

3D 프린터로 문화유산 만들기

① 목탑 양식을 반영하였다.
② 돌을 벽돌 모양으로 다듬어 쌓아 올렸다.
③ 원의 영향을 받아 대리석으로 제작되었다.
④ 내부에서 무구정광대다라니경이 발견되었다.

제4회 한국사능력검정시험 문제지

09 (가)에 들어갈 내용으로 옳은 것은? [3점]

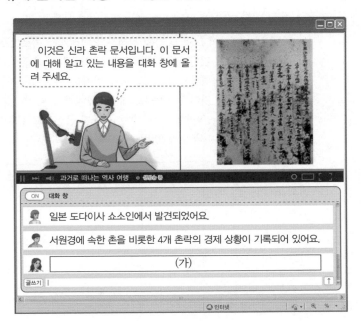

① 단군의 건국 이야기가 수록되어 있어요.
② 병인양요 때 프랑스군에게 약탈당하였어요.
③ 유네스코 세계 기록 유산으로 등재되었어요.
④ 노동력 동원과 세금 징수를 위해 작성되었어요.

10 다음 가상 뉴스에서 보도하고 있는 사건이 일어난 시기를 연표에서 옳게 고른 것은? [3점]

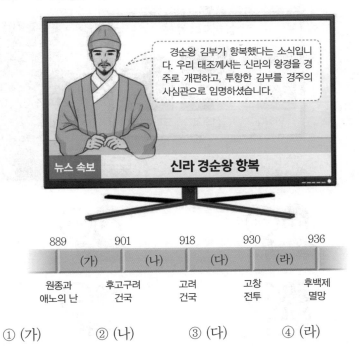

① (가)　　② (나)　　③ (다)　　④ (라)

11 밑줄 그은 '나'에 해당하는 인물로 옳은 것은? [1점]

나는 귀주에서 거란군을 크게 물리쳤습니다. 또한 개경에 나성을 쌓아 북방 세력의 침입에 대비할 것도 건의하였습니다.

① 서희　　② 강감찬　　③ 김종서　　④ 연개소문

12 다음 상황이 있었던 국가의 지방 제도에 대한 설명으로 옳은 것은? [3점]

○ 공주 명학소의 망이 · 망소이 등이 무리를 모아서 봉기하자, 명학소를 충순현으로 승격하여 그들을 달래고자 하였다.

○ 사신을 따라 원에 간 유청신이 통역을 잘하였으므로, 그 공을 인정하여 그의 출신지인 고이부곡을 고흥현으로 승격하였다.

① 전국을 8도로 나누었다.
② 22담로에 왕족을 파견하였다.
③ 주요 지역에 5소경을 설치하였다.
④ 군사 행정 구역으로 양계를 두었다.

13 (가)에 들어갈 문화유산에 대한 설명으로 옳은 것은? [2점]

이곳 합천 해인사 장경판전에는 고려 시대에 제작된 (가) 이/가 현재까지 잘 보존되어 있습니다. 그 이유는 건물의 통풍이 잘 되도록 위아래 창의 크기를 서로 다르게 하였고 안쪽 흙바닥 속에 숯과 횟가루를 넣어 습도를 조절하였기 때문입니다.

① 승정원에서 편찬하였다.
② 시정기와 사초를 바탕으로 제작하였다.
③ 현존하는 가장 오래된 금속 활자본이다.
④ 부처의 힘으로 몽골의 침입을 물리치고자 만들었다.

14 (가)~(다)의 사건을 일어난 순서대로 옳게 나열한 것은? [3점]

항복은 없다!
우리 삼별초는 여기
진도에서 적에 맞서
끝까지 싸울 것이다.

공격하라!
이곳 귀주에서
거란군을 모두
물리쳐라.

우리 별무반은
여진을
정벌할 것이다.
나를 따르라!

(가)   (나)   (다)

① (가) - (나) - (다)   ② (나) - (다) - (가)
③ (다) - (가) - (나)   ④ (다) - (나) - (가)

16 다음 자료를 활용한 탐구 주제로 가장 적절한 것은? [2점]

> 우왕과 최영이 요동 공격을 결정하자 이성계가 이르기를, "지금 출병하는 것은 네 가지 이유로 불가합니다. 작은 나라가 큰 나라를 공격할 수 없는 것이 첫 번째요, 여름에 군사를 동원할 수 없는 것이 두 번째요, 왜구가 빈틈을 노릴 수 있는 것이 세 번째요, 장마철이어서 활은 아교가 풀어지고 질병이 돌 것이니 이것이 네 번째입니다."라고 하였다.

① 위화도 회군의 배경
② 동북 9성의 축조 과정
③ 훈련도감의 설치 목적
④ 고구려의 남진 정책 추진

15 (가)에 해당하는 작물로 옳은 것은? [1점]

> 문익점이 원에 갔다가 돌아오는 길에 <u>(가)</u> 을/를 보고 씨 10개를 따서 가져 왔다. 진주에 와서 절반을 정천익에게 주고 기르게 하였으나 단 한 개만 살아남았다. 가을에 정천익이 그 씨를 따니 100여 개나 되었다.

①
인삼

②
목화

③
고구마

④
옥수수

17 다음 퀴즈의 정답으로 옳은 것은? [2점]

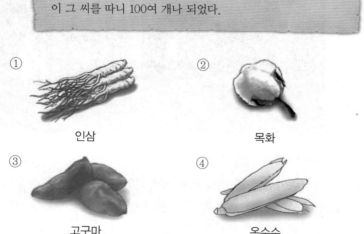

이 문화유산들이 있는 지역은 어디일까요?

수업 마무리 퀴즈

만월대   선죽교   고려 첨성대

① 개성

② 공주

③ 전주

④ 철원

기본 50회 17번

18 밑줄 그은 '이것'으로 옳은 것은? [1점]

**조선 시대로
떠나는 시간 여행**

조선 시대 16세 이상의 남자들이
신분을 증명하기 위해 몸에 차고
다녔던 이것을 관람하고, 직접 만들어
보는 체험 활동이 이루어집니다.

· 일시: 2020년 ○○월 ○○일~○○일
· 장소: ◇◇ 민속촌 전시실 및 체험실

① 교지   ② 족보   ③ 호패   ④ 공명첩

기본 50회 18번

19 (가)에 들어갈 책으로 옳은 것은? [2점]

○○ 박물관

(가)

충신, 효자, 열녀의 이야기를 담아 세종 때 편찬된 책

효자
최루백이
아버지의
묘를
지켰어요.

① 동의보감   ② 악학궤범   ③ 삼강행실도   ④ 용비어천가

기본 47회 20번

20 (가)에 들어갈 문화유산으로 옳은 것은? [2점]

2020 달빛 야행

태종 때 이궁으로 세워진
(가) 으로 초대합니다. 조선의
정원 조경이 잘 보존된 후원까지
관람할 수 있는 이번 행사에 많은
참여 바랍니다.

◆ 달빛 따라 걷는 길
돈화문 ▶ 인정전 ▶ 낙선재 ▶
연경당 ▶ 후원 숲길 ▶ 돈화문
◆ 일시: ○○월 ○○일~○○월 ○○일
    매주 목요일 20시~22시
◆ 주관: △△ 문화재단

ⓒ 문화재청

① 경복궁   ② 경희궁   ③ 덕수궁   ④ 창덕궁

기본 49회 19번

21 (가)에 들어갈 내용으로 옳은 것은? [2점]

만화로 보는 조선 시대 주요 사건

- 학습 목표: (가) 을/를 한 장면의 만화로 표현할 수 있다.
- 활동 내용

〈1모둠〉   〈2모둠〉   〈3모둠〉

훈구   사림

조의제문을
사초에
넣었다니!

이극돈

김종직이
주조황아버지
세조를
능멸
하다니!

연산군

① 경신환국   ② 무오사화
③ 인조반정   ④ 임오군란

기본 55회 19번

22 다음 대화가 이루어진 시기에 볼 수 있는 모습으로 적절한 것은? [2점]

박연 등이 새로 아악을 정비하여 바쳤으니 논공행상을 하려는데 어떠한가?

아악 정비에 참여한 모두에게 차등을 두어 상을 주는 것이 마땅하옵니다.

① 단성사에서 공연하는 배우
② 집현전에서 연구하는 관리
③ 청해진에서 교역하는 상인
④ 해동통보를 주조하는 장인

기본 52회 22번

23 (가) 인물에 대한 설명으로 옳은 것은? [2점]

이곳은 안동에 있는 병산 서원으로 (가) 의 학문과 업적을 기리기 위한 곳입니다. 그는 임진왜란이 일어났을 때 훈련도감 설치를 건의하기도 하였습니다.

① 징비록을 저술하였다.
② 4군 6진을 개척하였다.
③ 서경 천도를 주장하였다.
④ 대동여지도를 제작하였다.

기본 55회 22번

24 다음 상황 이후에 일어난 사실로 옳은 것은? [3점]

왕이 세자와 신하들을 거느리고 삼전도에 이르렀다. …… 용골대 등이 왕을 인도하여 들어가 단 아래 북쪽을 향해 설치된 자리로 나아가도록 요청하였다. 청인(淸人)이 외치는 의식의 순서에 따라 왕이 세 번 절하고 아홉 번 머리를 조아리는 예를 행하였다.

① 송시열이 북벌론을 주장하였다.
② 조광조가 위훈 삭제를 주장하였다.
③ 광해군이 인조반정으로 폐위되었다.
④ 곽재우가 의령에서 의병을 일으켰다.

기본 55회 25번

25 (가) 왕이 실시한 정책으로 옳은 것은? [2점]

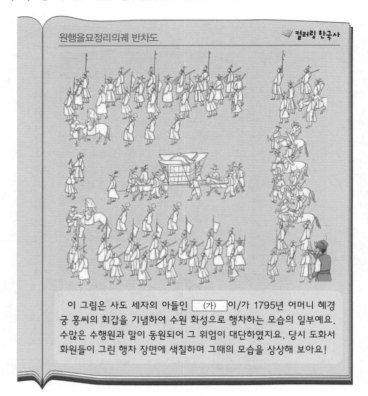

원행을묘정리의궤 반차도   컬러링 한국사

이 그림은 사도 세자의 아들인 (가) 이/가 1795년 어머니 혜경궁 홍씨의 회갑을 기념하여 수원 화성으로 행차하는 모습의 일부예요. 수많은 수행원과 말이 동원되어 그 위엄이 대단하였지요. 당시 도화서 화원들이 그린 행차 장면에 색칠하며 그때의 모습을 상상해 보아요!

① 경복궁을 중건하였다.
② 대마도를 정벌하였다.
③ 장용영을 창설하였다.
④ 탕평비를 건립하였다.

기본 54회 27번

26 (가) 시기에 있었던 사건으로 옳은 것은? [3점]

자의 대비께서는 삼년복을 입으셔야 합니다.

아닙니다. 기년복을 입으셔야 합니다.

조정의 신하들이 당쟁을 벌이고 있습니다.

성균관 앞에 탕평비를 세우시오.

남인   서인   (가)   영조

① 무오사화
② 병자호란
③ 경신환국
④ 임술 농민 봉기

제4회 한국사능력검정시험 문제지

27 (가)에 들어갈 인물로 옳은 것은? [1점]

기본 47회 26번

이 작품은 (가) 이/가 북경에 갔을 때 우정을 나눈 청의 화가 나빙이 선물한 것입니다. (가) 은/는 4차례나 연행길에 올라 청의 지식인들과 교유하였고, 청의 제도와 문물을 소개한 북학의를 저술하였습니다.

① 이익　　② 김정희　　③ 박제가　　④ 유성룡

기본 55회 27번

29 다음 직업이 등장한 시기의 사회 모습으로 옳은 것은? [2점]

우리 역사 속 직업의 세계

나의 직업은 무엇일까요?

(앞면)

■ **직업 소개**
　주로 심청전, 춘향전 등의 한글 소설을 전문적으로 읽어주고 상평통보 등을 받았음

■ **요구 능력**
　인물과 장면, 분위기에 어울리는 목소리로 실감나게 이야기하는 솜씨가 요구됨

정답 전기수

(뒷면)

① 변발과 호복이 유행하였다.
② 판소리와 탈춤이 성행하였다.
③ 골품에 따라 일상생활을 규제하였다.
④ 특수 행정 구역인 향과 부곡이 있었다.

기본 54회 26번

28 (가)에 들어갈 지도로 옳은 것은? [1점]

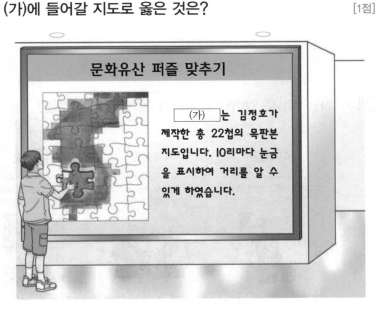

문화유산 퍼즐 맞추기

(가) 는 김정호가 제작한 총 22첩의 목판본 지도입니다. 10리마다 눈금을 표시하여 거리를 알 수 있게 하였습니다.

① 동국지도　　　　② 대동여지도
③ 곤여만국전도　　④ 혼일강리역대국도지도

기본 54회 29번

30 밑줄 그은 '이 사건'에 대한 설명으로 옳은 것은? [2점]

화면의 사진은 문수산성입니다. 이 사건 당시 한성근 부대는 이곳에서 프랑스군에 맞서 싸웠고, 이어서 양헌수 부대는 정족산성에서 프랑스군을 물리쳤습니다.

① 흥선 대원군 집권기에 일어났다.
② 제너럴 셔먼호 사건의 배경이 되었다.
③ 삼정이정청이 설치되는 결과를 가져왔다.
④ 군함 운요호가 강화도에 접근하여 위협하였다.

안심Touch

31 (가)에 들어갈 기구로 옳은 것은? [1점]

근대 역사의 현장

(가) 은/는 1884년 근대 우편 업무를 도입하기 위해 세워졌다. 그러나 개화당이 이곳에서 열린 개국 축하연을 기회로 삼아 (나) 을/를 일으켜 한동안 우편 업무가 중단되었다. 그 후 1895년 우체사가 설치되어 관련 업무가 재개되었다.

현재 복원된 모습
(서울시 종로구 소재)

① 기기창
② 우정총국
③ 군국기무처
④ 통리기무아문

32 (가)에 들어갈 인물로 옳은 것은? [2점]

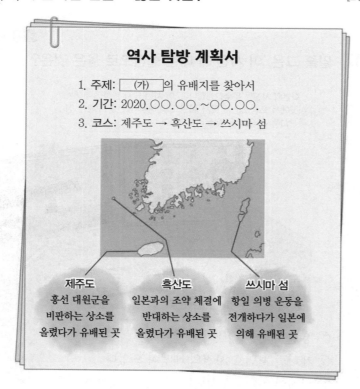

역사 탐방 계획서

1. 주제: (가) 의 유배지를 찾아서
2. 기간: 2020.○○.○○.~○○.○○.
3. 코스: 제주도 → 흑산도 → 쓰시마 섬

제주도
흥선 대원군을 비판하는 상소를 올렸다가 유배된 곳

흑산도
일본과의 조약 체결에 반대하는 상소를 올렸다가 유배된 곳

쓰시마 섬
항일 의병 운동을 전개하다가 일본에 의해 유배된 곳

① 허위
② 신돌석
③ 유인석
④ 최익현

33 다음 검색창에 들어갈 용어로 옳은 것은? [2점]

오전 11:10

검색

통합 검색 백과사전 웹문서 동영상 이미지 •••

연관 검색어

• 조일 통상 장정
• 함경도
• 배상금
• 조병식

백과사전

조선의 지방관이 직권으로 그 지방에서 생산된 곡식을 타지방이나 타국으로 유출하는 것을 금하는 조치를 말한다. 개항 후 함경도와 황해도에서 시행되기도 하였다. ……

○○ 백과

① 단발령
② 방곡령
③ 삼림령
④ 회사령

34 (가)~(다)를 일어난 순서대로 옳게 나열한 것은? [3점]

(가)

(나)

(다)

역사 신문
제△△호 ○○○○년○○월○○일
박승환 대대장, 군대 해산에 항의하며 순국하다

역사 신문
제△△호 ○○○○년○○월○○일
헤이그 특사, 을사늑약의 부당성을 폭로하다

역사 신문
제△△호 ○○○○년○○월○○일
고종, 일본에 의해 강제 퇴위되다

① (가) - (나) - (다)
② (가) - (다) - (나)
③ (나) - (다) - (가)
④ (다) - (가) - (나)

35 밑줄 그은 '이 단체'로 옳은 것은? [2점]

이 사진에 대해 설명해 주세요.

일제가 조작한 105인 사건으로 끌려가는 애국지사들을 찍은 사진입니다. 이 사건을 계기로 안창호, 양기탁 등이 비밀리에 결성한 이 단체가 와해되었습니다.

① 보안회　　　　　② 신민회
③ 대한 자강회　　　④ 헌정 연구회

36 밑줄 그은 '사업'의 결과로 옳은 것을 〈보기〉에서 고른 것은? [2점]

이 사진은 1910년대 일제가 정해진 기한 내에 본인 소유의 토지를 신고하도록 한 사업의 시행 모습을 담고 있습니다. 지주, 서기, 측량원, 인부 등이 보입니다.

─〈 보 기 〉─
ㄱ. 조선 총독부의 재정 수입이 증대되었다.
ㄴ. 지계아문이 설치되어 지계가 발급되었다.
ㄷ. 동양 척식 주식회사의 보유 토지가 증가하였다.
ㄹ. 외국의 토지 침탈을 막고자 농광 회사가 설립되었다.

① ㄱ, ㄴ　　② ㄱ, ㄷ　　③ ㄴ, ㄹ　　④ ㄷ, ㄹ

37 (가)에 해당하는 인물로 옳은 것은? [1점]

〈역사 인물 설문 조사〉

(가) 하면 가장 먼저 떠오르는 것에 스티커를 붙여 주세요.

| 호는 도산 | 대성 학교 설립 | 흥사단 조직 |

① 김규식
② 안창호
③ 여운형
④ 이동휘

38 (가)에 들어갈 정책으로 옳은 것은? [3점]

(가)에 대해 검색해 줘.

검색 결과입니다.

• 정의
　일제가 조선을 자국의 식량 공급 기지로 만들기 위해 1920년부터 추진한 농업 정책

• 시행 배경
　일제는 급격한 공업화와 농촌의 황폐화로 자국의 식량 사정이 악화되자, 조선을 이용하여 식량 부족 문제를 해결하려 하였다.

① 미곡 공출제　　② 새마을 운동
③ 산미 증식 계획　④ 토지 조사 사업

기본 54회 35번

39 밑줄 그은 '전투'가 일어난 시기를 연표에서 옳게 고른 것은? [3점]

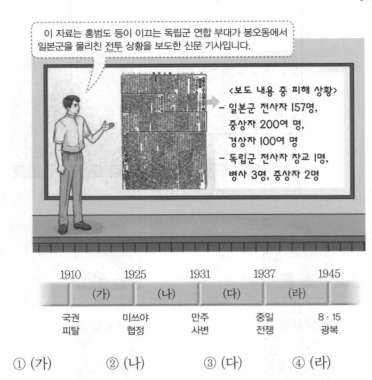

이 자료는 홍범도 등이 이끄는 독립군 연합 부대가 봉오동에서 일본군을 물리친 전투 상황을 보도한 신문 기사입니다.

〈보도 내용 중 피해 상황〉
- 일본군 전사자 157명, 중상자 200여 명, 경상자 100여 명
- 독립군 전사자 장교 1명, 병사 3명, 중상자 2명

```
1910    1925    1931    1937    1945
    (가)     (나)     (다)     (라)
국권      미쓰야    만주      중일      8·15
피탈      협정      사변      전쟁      광복
```

① (가) ② (나) ③ (다) ④ (라)

기본 52회 43번

41 (가)에 들어갈 내용으로 옳은 것은? [2점]

웹툰으로 보는 민족 운동

광주 학생 항일 운동

이미지	제목
	1화 조선인 학생이 일본인 학생의 희롱에 격분하다.
	2화 민족 차별에 분노한 광주 학생들이 대규모 시위를 벌이다.
	3화 (가)

① 통감부가 설치되다.
② 2·8 독립 선언서를 작성하다.
③ 일제가 치안 유지법을 공포하다.
④ 신간회 등이 지원하여 전국으로 확산되다.

기본 52회 44번

40 밑줄 그은 '영화'의 제목으로 옳은 것은? [2점]

아~ 눈물 없이 볼 수 없는 영화를 잘 보셨습니까? 순사에게 끌려가는 주인공 영진의 모습은 잊을 수가 없습니다. 여기 단성사에서 다시 뵙기를 바라며 안녕히 가십시오.

나운규(영진 역)

① 미몽 ② 아리랑
③ 자유 만세 ④ 시집 가는 날

기본 48회 43번

42 밑줄 그은 '이 운동'으로 옳은 것은? [2점]

이 동상의 주인공은 무슨 일을 하셨나요?

'내 살림 내 것으로'라는 표어 등을 내세운 이 운동을 주도했어요.

오두산 통일 전망대

① 브나로드 운동
② 문자 보급 운동
③ 물산 장려 운동
④ 민립 대학 설립 운동

제4회 한국사능력검정시험 문제지

43 다음 자료를 활용한 탐구 활동으로 가장 적절한 것은? [2점]

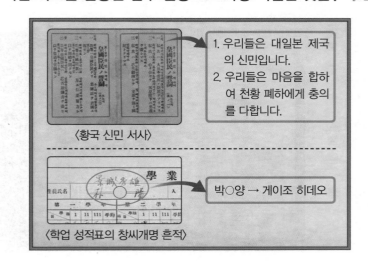

1. 우리들은 대일본 제국의 신민입니다.
2. 우리들은 마음을 합하여 천황 폐하에게 충의를 다합니다.

〈황국 신민 서사〉

박○양 → 게이조 히데오

〈학업 성적표의 창씨개명 흔적〉

① 민족 말살 정책의 내용을 조사한다.
② 조선 형평사의 설립 취지를 살펴본다.
③ 교육 입국 조서의 발표 배경을 파악한다.
④ 동양 척식 주식회사의 주요 업무를 알아본다.

44 (가)에 들어갈 섬으로 옳은 것은? [1점]

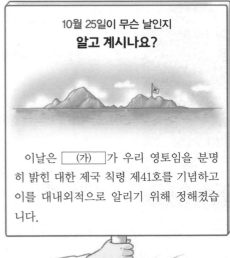

10월 25일이 무슨 날인지
알고 계시나요?

이날은 (가) 가 우리 영토임을 분명히 밝힌 대한 제국 칙령 제41호를 기념하고 이를 대내외적으로 알리기 위해 정해졌습니다.

① 독도　② 완도　③ 거문도　④ 흑산도

45 다음 발언 이후에 전개된 사실로 옳은 것은? [3점]

미소 공동 위원회가 결렬된 이후 다시 열릴 기미가 보이지 않습니다. 통일 정부가 수립되길 원했으나 뜻대로 되지 않으니, 남방만이라도 임시 정부 혹은 위원회를 조직하고, 38선 이북에서 소련이 물러가도록 세계에 호소해야 합니다.

이승만

① 한국 광복군이 창설되었다.
② 김구가 남북 협상을 추진하였다.
③ 모스크바 삼국 외상 회의가 개최되었다.
④ 여운형이 조선 건국 준비 위원회를 결성하였다.

46 (가)에 해당하는 인물로 옳은 것은? [2점]

이 문서는 (가) 이/가 작성한 평화시장 봉제공장 실태 조사서입니다. 당시 노동자들의 노동 시간과 건강 상태 등이 상세히 기록되어 있습니다. 열악한 노동 환경의 개선을 요구하던 그는 1970년에 "근로 기준법을 지켜라.", "우리는 기계가 아니다."를 외치며 분신하였습니다.

① 김주열

②  장준하

③  전태일

④  이한열

47 다음 대화에 나타난 민주화 운동으로 옳은 것은? [3점]

이것은 1979년 야당 총재의 국회의원직 제명으로 촉발되어 유신 독재에 저항한 민주화 운동을 기념한 조형물입니다.

2019년 정부는 이 운동이 민주화에 기여한 점을 인정하여 시위가 시작된 날을 국가 기념일로 지정하였습니다.

① 4 · 19 혁명
② 6월 민주 항쟁
③ 부마 민주 항쟁
④ 5 · 18 민주화 운동

48 다음 퀴즈의 정답으로 옳은 것은? [1점]

1단계	장수왕이 새로운 도읍으로 삼은 곳
2단계	물산 장려 운동이 시작된 곳
3단계	남북 정상 회담이 최초로 개최된 곳

제시된 단계별 힌트를 종합하여 알 수 있는 지역은 어디일까요?

① 원산　② 서울　③ 파주　④ 평양

49 다음 뉴스가 보도된 정부 시기의 사실로 옳은 것은? [2점]

어제 독일 바덴바덴에서 열린 IOC 총회에서 서울이 일본 나고야를 52대 27로 누르고 1988년 올림픽 개최지로 결정되었습니다.

88 올림픽, 서울 개최 결정

① 6월 민주 항쟁이 일어났다.
② 베트남에 국군을 파병하였다.
③ 신탁 통치 반대 운동이 전개되었다.
④ 경제 협력 개발 기구(OECD)에 가입하였다.

50 (가) 정부 시기에 있었던 사실로 옳은 것은? [2점]

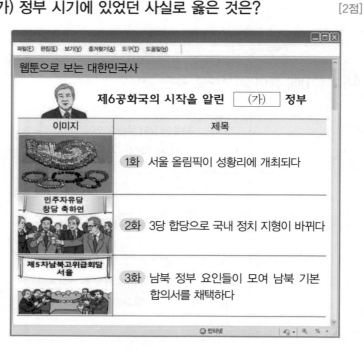

웹툰으로 보는 대한민국사

제6공화국의 시작을 알린 (가) 정부

이미지	제목
	1화　서울 올림픽이 성황리에 개최되다
	2화　3당 합당으로 국내 정치 지형이 바뀌다
	3화　남북 정부 요인들이 모여 남북 기본 합의서를 채택하다

① 농지 개혁법이 제정되었다.
② 베트남에 국군이 파병되었다.
③ 소련 및 중국과 국교가 수립되었다.
④ 6 · 15 남북 공동 선언이 발표되었다.

제2회 한국사능력검정시험 모의고사 문제지

성명		수험번호									

○ 자신이 선택한 등급의 문제지인지 확인하시오.

○ 문제지에 성명과 수험번호를 정확히 쓰시오.

○ 답안지에 성명과 수험번호를 쓰고, 또 수험번호와 답을 정확히 표시하시오.

※ 부정행위 등 응시자 유의사항을 다시 한 번 확인하시기 바랍니다.

시험이 시작되기 전까지 문제지를 넘기지 마시오.

제2회 한국사능력검정시험 문제지

---

01 다음 축제에서 체험할 수 있는 활동으로 적절한 것은? 기본 57회 1번 [1점]

① 가락바퀴로 실 뽑기
② 뗀석기로 고기 자르기
③ 점토로 빗살무늬 토기 빚기
④ 거푸집으로 청동검 모형 만들기

02 (가) 나라에 대한 설명으로 옳은 것은? 기본 55회 2번 [2점]

① 낙랑과 왜에 철을 수출하였다.
② 영고라는 제천 행사를 열었다.
③ 서옥제라는 혼인 풍습이 있었다.
④ 건국 이야기가 삼국유사에 실려 있다.

03 (가) 나라의 경제 상황에 대한 설명으로 옳은 것은? 기본 51회 3번 [2점]

창작 뮤지컬 '김수로왕과 허황옥'

알에서 태어나 (가) 을/를 건국하였다고 전해지는 김수로왕이 아유타국의 공주였던 허황옥을 만나 혼인하게 된 이야기를 한 편의 뮤지컬로 선보입니다. 많은 관람 바랍니다.

• 일시: 2021년 ○○월 ○○일 20:00
• 장소: 김해 대성동 고분군 앞 특설 무대

① 낙랑과 왜에 철을 수출하였다.
② 모내기법이 전국으로 확산하였다.
③ 물가 조절을 위해 상평창을 두었다.
④ 활구라고도 불린 은병을 제작하였다.

04 (가) 국가에 대한 설명으로 옳은 것은? 기본 55회 5번 [2점]

이것은 부여 능산리 절터에서 출토된 향로입니다. (가) 의 금속 공예 기술을 보여 주는 대표적인 문화유산으로, 도교와 불교 사상이 함께 표현되어 있습니다.

이 문화유산에 대해 소개해 주시겠습니까?

① 노비안검법을 실시하였다.
② 지방에 22담로를 설치하였다.
③ 화백 회의에서 국가의 중대사를 결정하였다.
④ 여러 가(加)들이 별도로 사출도를 주관하였다.

05 **기본** 52회 6번

(가)에 들어갈 인물로 옳은 것은? [2점]

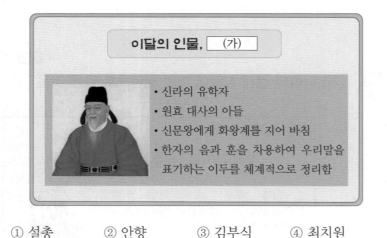

이달의 인물, (가)

• 신라의 유학자
• 원효 대사의 아들
• 신문왕에게 화왕계를 지어 바침
• 한자의 음과 훈을 차용하여 우리말을 표기하는 이두를 체계적으로 정리함

① 설총　　② 안향　　③ 김부식　　④ 최치원

06 **기본** 55회 6번

다음 가상 뉴스에서 보도하고 있는 사건이 일어난 시기를 연표에서 옳게 고른 것은? [3점]

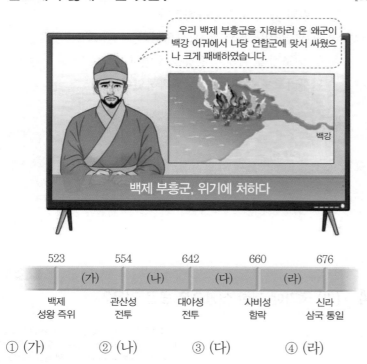

우리 백제 부흥군을 지원하러 온 왜군이 백강 어귀에서 나당 연합군에 맞서 싸웠으나 크게 패배하였습니다.

백제 부흥군, 위기에 처하다

백강

523		554		642		660		676
	(가)		(나)		(다)		(라)	
백제 성왕 즉위		관산성 전투		대야성 전투		사비성 함락		신라 삼국 통일

① (가)　　② (나)　　③ (다)　　④ (라)

07 **기본** 47회 8번

(가), (나) 사이의 시기에 있었던 사실로 옳은 것은? [3점]

(가) 헌덕왕 14년, 웅천주 도독 김헌창이 아버지 김주원이 왕위에 오르지 못함을 이유로 반란을 일으켜 국호를 장안, 연호를 경운이라 하였다.

(나) 진성왕 8년, 최치원이 시무 10여 조를 올리자 왕이 좋게 여겨 받아들이고 그를 아찬으로 삼았다.

① 원종과 애노가 봉기하였다.
② 김흠돌이 반란을 도모하였다.
③ 이사부가 우산국을 복속시켰다.
④ 을지문덕이 살수에서 대승을 거두었다.

08 **기본** 47회 9번

다음 퀴즈의 정답으로 옳은 것은? [1점]

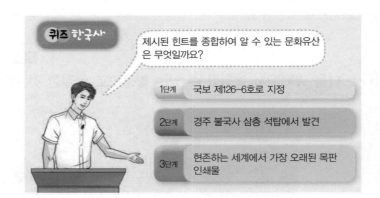

제시된 힌트를 종합하여 알 수 있는 문화유산은 무엇일까요?

1단계 국보 제126-6호로 지정
2단계 경주 불국사 삼층 석탑에서 발견
3단계 현존하는 세계에서 가장 오래된 목판 인쇄물

①  팔만대장경

②  왕오천축국전

③  직지심체요절

④  무구정광 대다라니경

09 **기본** 57회 7번

(가) 국가에 대한 설명으로 옳은 것은? [3점]

(가) 의 영광탑을 보러 왔습니다. 벽돌로 쌓은 이 탑은 높이가 약 13미터에 이릅니다. 지하에는 무덤 칸으로 보이는 공간이 있어 (가) 의 정효 공주 무덤탑과 같은 양식으로 추정하기도 합니다.

① 송악에서 철원으로 도읍을 옮겼다.
② 수의 군대를 살수에서 크게 무찔렀다.
③ 인재 선발을 위하여 독서삼품과를 시행하였다.
④ 정당성 아래 6부를 두어 행정을 담당하게 하였다.

10 밑줄 그은 '나'에 대한 설명으로 옳은 것은? [2점]

나는 왕으로 즉위해 나라 이름을 고려라 정하였습니다. 이후 신라의 항복을 받고 후백제를 격파하여 후삼국을 통일하였습니다.

① 전국을 8도로 나누었다.
② 천리장성을 축조하였다.
③ 화통도감을 설치하였다.
④ 사심관 제도를 시행하였다.

11 (가), (나)에 들어갈 내용을 옳게 연결한 것은? [3점]

관리들에게 관료전을 지급하고, (가) 을/를 폐지하였습니다.

오늘은 왕조의 기틀을 다진 두 분의 왕을 모셨습니다. 즉위 후에 어떤 일을 하셨나요?

노비안검법을 실시하고, 쌍기의 건의를 받아들여 (나) 을/를 시행하였습니다.

홀로그램으로 만나는 역사 인물

신라 신문왕 | 고려 광종

	(가)	(나)
①	녹읍	과거제
②	정방	전시과
③	소격서	직전법
④	금난전권	호포제

12 (가) 인물에 대한 설명으로 옳은 것은? [2점]

역사를 사랑하는 래퍼들의 도전
역사래퍼 시즌2

들어봐. 거란의 침입을 막아낸 (가) 의 외교 담판 이야기! 고구려의 옛 땅이 거란의 땅이라고? 노~ 노~ 고려는 고구려의 후!계자! 그래서 이름도 고려! 거란을 외면하고 송나라만 사귄다고? 노~ 노~ 우리 사이 여진이 가로막고 있어 통하지 못할 뿐!

① 4군 6진을 개척하였다.
② 강동 6주를 획득하였다.
③ 동북 9성을 축조하였다.
④ 쌍성총관부를 공격하였다.

13 다음 가상 인터뷰에 나타난 사건으로 옳은 것은? [2점]

서경에서 거사한 이유가 무엇인가요?

저는 서경으로 수도를 옮기면 천하를 다스릴 수 있고, 금이 스스로 항복할 것이라고 주장해 왔습니다. 그런데 조정에 반대하는 무리가 있어 뜻을 이룰 수 없었기 때문에 거사한 것입니다.

① 묘청의 난
② 김흠돌의 난
③ 홍경래의 난
④ 원종과 애노의 난

14 (가) 국가의 경제 상황으로 옳은 것은? 기본 49회 16번 [2점]

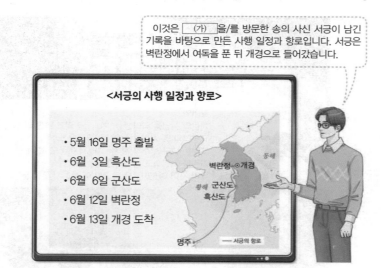

이것은 (가) 을/를 방문한 송의 사신 서긍이 남긴 기록을 바탕으로 만든 사행 일정과 항로입니다. 서긍은 벽란정에서 여독을 푼 뒤 개경으로 들어갔습니다.

<서긍의 사행 일정과 항로>
- 5월 16일 명주 출발
- 6월 3일 흑산도
- 6월 6일 군산도
- 6월 12일 벽란정
- 6월 13일 개경 도착

① 모내기법이 전국적으로 보급되었다.
② 보부상이 전국의 장시를 연결하였다.
③ 담배, 면화 등이 상품 작물로 재배되었다.
④ 활구라고도 불린 은병이 화폐로 사용되었다.

15 다음 외교 문서를 보낸 국가에 대한 고려의 대응으로 옳은 것은? 기본 54회 14번 [2점]

칸께서 살리타 등이 이끄는 군대를 너희에게 보내 항복할지 아니면 죽임을 당할지 묻고자 하신다. 이전에 칸께서 보낸 사신 저고여가 사라져서 다른 사신이 찾으러 갔으나, 너희들은 활을 쏘아 그를 쫓아냈다. 너희가 저고여를 살해한 것이 확실하니, 이제 그 책임을 묻고 있는 것이다.

① 이자겸이 사대 요구를 수용하였다.
② 서희가 소손녕과 외교 담판을 벌였다.
③ 김윤후 부대가 처인성에서 적장을 사살하였다.
④ 강감찬이 군사를 이끌고 귀주에서 크게 승리하였다.

16 다음 퀴즈의 정답으로 옳은 것은? 기본 48회 15번 [1점]

1단계: 고려 성종 때 설립

2단계: 유학과 기술 교육을 담당

3단계: 고려의 최고 교육 기관

제시된 단계별 힌트를 종합하여 알 수 있는 이것은 무엇일까요?

① 경당
② 향교
③ 국자감
④ 주자감

17 (가)에 들어갈 내용으로 옳은 것은? 기본 52회 11번 [1점]

(앞면)

- 고려 제6대 왕
- 최승로의 시무 28조 수용
- 2성 6부로 중앙 통치 조직 정비
- (가)

(뒷면)

① 녹읍 폐지
② 대마도 정벌
③ 지방에 12목 설치
④ 북한산 순수비 건립

기본 51회 15번

18 다음과 같은 기법으로 제작된 문화유산으로 옳은 것은? [2점]

도자기 표면에 무늬 새기기 → 무늬에 다른 색의 흙 메우기 → 다른 색 흙을 긁어내어 무늬 나타내기

①
기마 인물형 토기

② 백자 철화 끈무늬 병

③
청자 참외 모양 병

④ 청자 상감 모란문 표주박 모양 주전자

기본 57회 22번

20 (가)에 들어갈 인물로 옳은 것은? [1점]

(가) (앞면)

(뒷면)
- 조선 개국 공신
- 조선의 통치 기준과 문명 원칙을 제시한 조선경국전을 저술함
- 불씨잡변을 지어 불교 교리를 비판함

①
이이

② 송시열

③
정도전

④
정몽주

기본 57회 19번

19 (가) 인물의 활동으로 옳은 것은? [2점]

이 전투는 고려 말 [(가)] 이/가 제작한 화포를 이용하여 왜구를 크게 물리친 진포 대첩입니다.

① 거중기를 설계하였다.
② 앙부일구를 제작하였다.
③ 비격진천뢰를 발명하였다.
④ 화통도감 설치를 건의하였다.

기본 50회 19번

21 (가) 왕의 정책으로 옳은 것은? [3점]

조선 제7대 국왕 [(가)] 의 모습을 담은 밑그림이 공개되었습니다. 이것은 일제 강점기에 어진 모사본을 옮겨 그리는 과정에서 제작되었습니다. [(가)] 은/는 6조 직계제를 다시 시행하는 등 왕권 강화를 위해 노력하였습니다.

○○ 박물관 (가) 의 어진 밑그림 첫 공개

① 경복궁을 중건하였다.
② 직전법을 실시하였다.
③ 초계문신제를 시행하였다.
④ 5군영 체제를 완성하였다.

기본 52회 20번

22 (가)에 들어갈 문화유산으로 옳은 것은? [1점]

①  자격루

② 측우기

③ 앙부일구

④ 혼천의

기본 51회 22번

23 다음 인물에 대한 설명으로 옳은 것은? [2점]

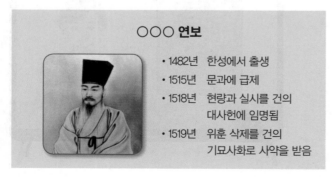

○○○ 연보

- 1482년 한성에서 출생
- 1515년 문과에 급제
- 1518년 현량과 실시를 건의
  대사헌에 임명됨
- 1519년 위훈 삭제를 건의
  기묘사화로 사약을 받음

① 거중기를 설계하였다.
② 조선경국전을 저술하였다.
③ 소격서 폐지를 주장하였다.
④ 만권당에서 원의 학자들과 교류하였다.

기본 54회 23번

24 (가) 왕의 재위 기간에 있었던 사실로 옳은 것은? [2점]

이곳은 제주 행원 포구입니다. 인조반정으로 폐위되어 강화도 등지로 유배되었던 (가) 은/는 이후 이곳을 통해 제주도로 들어와 유배 생활을 이어가다가 생을 마감하였습니다.

① 집현전이 설치되었다.
② 비변사가 폐지되었다.
③ 대동법이 시행되었다.
④ 4군 6진이 개척되었다.

기본 51회 26번

25 (가)에 들어갈 장면으로 가장 적절한 것은? [2점]

①  서경으로 수도를 옮기고 금나라를 정벌하자!

②  요동 정벌은 불가하다. 개경으로 회군하라.

③  광해군이 유배 가는 모습을 보니 세상 참 덧없군.

④  나 이종무가 대마도를 정벌하러 왔다.

기본 47회 23번

26 (가) 전쟁에 대한 탐구 활동으로 적절한 것은? [2점]

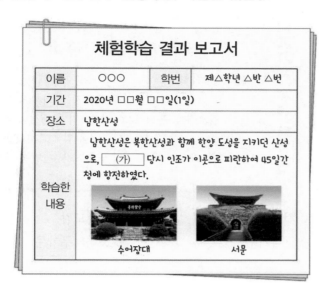

체험학습 결과 보고서

이름	○○○	학번	제△학년 △반 △번
기간	2020년 □□월 □□일(1일)		
장소	남한산성		
학습한 내용	남한산성은 북한산성과 함께 한양 도성을 지키던 산성으로, (가) 당시 인조가 이곳으로 피란하여 45일간 청에 항전하였다. 수어장대 　서문		

① 보빙사의 활동을 조사한다.
② 삼별초의 이동 경로를 찾아본다.
③ 삼전도비의 건립 배경을 파악한다.
④ 을미의병이 일어난 계기를 살펴본다.

기본 47회 42번

27 학생들이 공통으로 이야기하고 있는 지역을 지도에서 옳게 찾은 것은? [2점]

① (가)　② (나)　③ (다)　④ (라)

기본 49회 22번

28 밑줄 그은 '이 왕'의 재위 기간에 볼 수 있는 모습으로 옳은 것은? [3점]

① 장용영에서 훈련하는 군인
② 만민 공동회에서 연설하는 백정
③ 집현전에서 학문을 연구하는 관리
④ 시전에서 상평통보를 사용하는 상인

기본 52회 23번

29 (가)에 들어갈 인물로 옳은 것은? [2점]

① 베델　② 하멜　③ 매켄지　④ 헐버트

30 밑줄 그은 '왕'의 정책으로 옳은 것은? [2점]

조선 제22대 왕이 아버지 사도 세자의 묘를 참배하러 가기 위해 만든 만안교입니다. 그 옆에는 다리를 조성한 과정이 기록된 비석이 있습니다.

증강 현실로 만난 역사

① 장용영을 창설하였다.
② 집현전을 설치하였다.
③ 척화비를 건립하였다.
④ 경국대전을 반포하였다.

31 (가)에 들어갈 내용으로 옳지 않은 것은? [3점]

조선 후기 상업에 대해 이야기해 보자.

경강상인이 한강을 무대로 운송업에 종사했어.

(가)

① 내상이 일본과의 무역을 주도했어.
② 벽란도에서 송과의 무역이 이루어졌어.
③ 관청에 물품을 조달하는 공인이 활동했어.
④ 정기 시장인 장시가 전국 각지에서 열렸어.

32 다음 격문이 작성된 시기의 상황으로 옳은 것은? [2점]

> 평서대원수는 급히 격문을 띄우노니 관서 지역의 모든 사람들은 들으라. …… 조정에서는 관서 지역을 썩은 흙과 같이 버렸다. 심지어 권세가의 노비들도 관서 사람을 보면 반드시 '평안도 놈'이라고 한다. 어찌 억울하고 원통하지 않겠는가.

① 무신들이 정권을 장악하였다.
② 신식 군대인 별기군이 창설되었다.
③ 최치원이 시무 10여 조를 건의하였다.
④ 수령과 향리의 수탈로 삼정이 문란하였다.

33 (가)에 들어갈 기구로 옳은 것은? [2점]

> **주제: 갑오 · 을미개혁**
>
> 1. 제1차 갑오개혁: [(가)] 을/를 중심으로 개혁을 추진하여 과거제, 노비제, 연좌제 등 폐지
> 2. 제2차 갑오개혁: 홍범 14조 반포, 지방 행정 조직을 23부로 개편, 교육 입국 조서 반포
> 3. 을미개혁: 태양력 채택, 건양 연호 사용, 단발령 실시

① 정방
② 교정도감
③ 군국기무처
④ 통리기무아문

34 다음 사건에 대한 설명으로 옳은 것은? [2점]

백산 집결

황룡촌 전투

전주성 점령

우금치 전투

① 외규장각 도서가 약탈되었다.
② 집강소를 설치하여 폐정 개혁을 추진하였다.
③ 홍의 장군 곽재우가 의병장으로 활약하였다.
④ 서북인에 대한 차별이 원인이 되어 일어났다.

35 (가)에 들어갈 근대 교육 기관으로 옳은 것은? [2점]

1886년 신입생 모집

영재들이여

신학문을 가르치는 공립 학교

(가) 으로 오라!

1. 선발 인원: 35명
2. 지원 자격
   – 좌원: 7품 이하 젊은 현직 관리
   – 우원: 15~20세의 양반 자제
3. 교과목: 영어, 수학, 자연 과학 등
4. 교사: 헐버트, 길모어, 벙커 등

① 서전서숙 ② 배재 학당
③ 육영 공원 ④ 이화 학당

36 (가)에 해당하는 신문으로 옳은 것은? [1점]

파일(F) 편집(E) 보기(V) 즐겨찾기(A) 도구(T) 도움말(H)

한국사 사전

검색어 ▲▼ [(가)] ▼ 🔍

검색 결과

– 1896년 서재필 등이 창간
– 한글판과 영문판으로 발행
– 우리나라 최초의 민간 신문

①
독립신문

② 제국신문

③
해조신문

④ 대한매일신보

37 (가)에 들어갈 문화유산으로 옳은 것은? [2점]

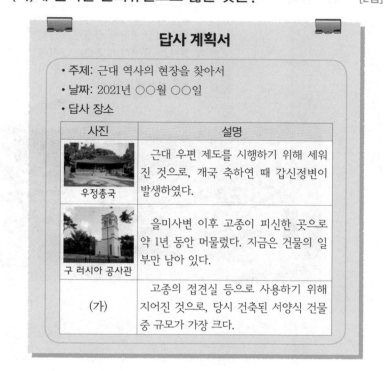

답사 계획서

• 주제: 근대 역사의 현장을 찾아서
• 날짜: 2021년 ○○월 ○○일
• 답사 장소

사진	설명
우정총국	근대 우편 제도를 시행하기 위해 세워진 것으로, 개국 축하연 때 갑신정변이 발생하였다.
구 러시아 공사관	을미사변 이후 고종이 피신한 곳으로 약 1년 동안 머물렀다. 지금은 건물의 일부만 남아 있다.
(가)	고종의 접견실 등으로 사용하기 위해 지어진 것으로, 당시 건축된 서양식 건물 중 규모가 가장 크다.

①
황궁우

② 명동 성당

③ 운현궁 양관

④ 덕수궁 석조전

38 (가)~(다)를 일어난 순서대로 옳게 나열한 것은? [3점]

일제 강점기 시행 법령

(가)	(나)	(다)
조선 태형령 실시	치안 유지법 제정	국가 총동원법 공포

① (가) – (나) – (다) ② (가) – (다) – (나)
③ (나) – (가) – (다) ④ (다) – (나) – (가)

39 다음 상황이 일어난 시기를 연표에서 옳게 고른 것은? [2점]

나는 충격적인 사건이 발생한 제암리에 와 있다. 이곳에서 일본군은 교회에 마을 사람들을 모이게 하고 사격을 가한 후 불을 질렀다고 한다.

1875		1897		1910		1932		1945
	(가)		(나)		(다)		(라)	
운요호 사건		대한 제국 수립		국권 피탈		윤봉길 의거		8·15 광복

① (가) ② (나) ③ (다) ④ (라)

41 밑줄 그은 '이 단체'로 옳은 것은? [1점]

독립운동 단체 조사 발표회

△△모둠

폭파
요인처단
종로경찰서
조선혁명선언
신채호 김익상 김상옥
김원봉
박재혁

저희 모둠은 이 단체와 관련된 단어를 검색해 보았습니다. 사람들의 조회 수가 많을수록 글자의 크기가 큽니다.

① 근우회 ② 보안회 ③ 의열단 ④ 중광단

40 밑줄 그은 '이 책'으로 옳은 것은? [3점]

이 책에 대해 소개해 주세요.

일제 강점기에 단재 신채호가 저술했어요.

역사를 아(我)와 비아(非我)의 투쟁을 기록한 것으로 정의하고 있어요.

①
제왕운기

② 동사강목

③
연려실기술

④ 조선상고사

42 (가)에 들어갈 자료로 옳은 것은? [2점]

일제 강점기에 백정들이 저울처럼 평등한 사회를 만들고자 일으켰던 운동을 기념하는 탑이야.

이것은 이 운동을 주도한 단체의 포스터야. 저울을 뜻하는 글자를 볼 수 있어.

(가)

①

②

③

④

43 다음 자료에 나타난 사건으로 옳은 것은?   기본 50회 40번 [2점]

라이징 선 석유 회사는 조선인을 구타한 일본인 감독을 파면하라!

영상으로 만나는 1920년대

8시간 노동제를 실시하라!

최저 임금제를 확립하라!

① 6 · 3 시위
② 새마을 운동
③ 원산 총파업
④ 제주 4 · 3 사건

45 (가)에 들어갈 명절로 옳은 것은?   기본 50회 36번 [1점]

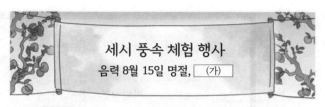

세시 풍속 체험 행사
음력 8월 15일 명절, (가)

보름달 소원 쓰기

송편 만들기

① 단오
② 동지
③ 추석
④ 한식

44 (가)의 활동으로 옳은 것은?   기본 54회 40번 [2점]

독립 공채 상환에 관한 특별 조치 법안 심사 보고서

1983.12. 재무위원회

……

가. 제안 이유

지금으로부터 64년 전인 1919년, (가) 에서는 항일 독립운동을 전개하기 위한 자금 조달 방법의 하나로 소위 '독립 공채'라는 것을 발행하였음.

이 공채는 대부분 해외 교민 및 미국인을 비롯한 외국인을 대상으로 발매되었으며, 이에는 '조국이 광복되고 독립을 승인받은 후 이자를 가산하여 상환할 것을 대한민국의 명예와 신용으로 보증한다.'고 기재되어 있음.

……

따라서 3 · 1 운동 이후 독립운동을 목적으로 발행된 (가) 명의의 공채에 대하여 국가가 이를 상환할 수 있도록 근거법을 마련, 전 국민의 독립 애국정신을 발양하는 동시, 정부의 대내외적인 공신력을 높이고자 함.

① 집강소를 설치하였다.
② 만민 공동회를 개최하였다.
③ 연통제와 교통국을 운영하였다.
④ 개벽, 신여성 등의 잡지를 발간하였다.

46 밑줄 그은 '위원회'로 옳은 것은?   기본 48회 45번 [2점]

이곳 덕수궁 석조전에서는 모스크바 3국 외상 회의에서 결정된 한반도의 임시 민주 정부 수립 문제를 협의하기 위해 위원회가 열렸습니다.

① 남북 조절 위원회
② 미소 공동 위원회
③ 조선 건국 준비 위원회
④ 반민족 행위 특별 조사 위원회

제2회 한국사능력검정시험 문제지

47 밑줄 그은 '사건'으로 옳은 것은? [2점]

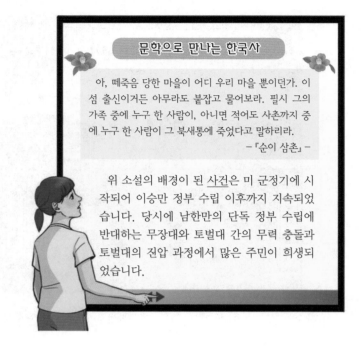

① 간도 참변
② 6 · 3 시위
③ 제주 4 · 3 사건
④ 제암리 학살 사건

48 다음 일기를 통해 알 수 있는 민주화 운동으로 옳은 것은? [1점]

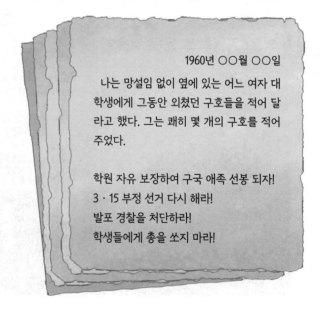

① 4 · 19 혁명
② 6월 민주 항쟁
③ 부마 민주 항쟁
④ 5 · 18 민주화 운동

49 밑줄 그은 '이 회담' 이후에 있었던 사실로 옳은 것은? [2점]

① 개성 공단이 건설되었다.
② 남북 조절 위원회가 설치되었다.
③ 남북한이 유엔에 동시 가입하였다.
④ 남북 이산가족 상봉이 최초로 성사되었다.

50 (가) 시기에 있었던 사실로 옳은 것은? [3점]

1985 ── (가) ── 1998

남북 이산가족 최초 상봉

정주영의 소 떼 방북

① 개성 공단 조성에 합의하였다.
② 남북 기본 합의서가 채택되었다.
③ 남북 조절 위원회가 설치되었다.
④ 6 · 15 남북 공동 선언이 발표되었다.

제1회 한국사능력검정시험 모의고사 문제지

성명		수험번호										

○ 자신이 선택한 등급의 문제지인지 확인하시오.

○ 문제지에 성명과 수험번호를 정확히 쓰시오.

○ 답안지에 성명과 수험번호를 쓰고, 또 수험번호와 답을 정확히 표시하시오.

※ 부정행위 등 응시자 유의사항을 다시 한 번 확인하시기 바랍니다.

시험이 시작되기 전까지 문제지를 넘기지 마시오.

기본 | 제1회 한국사능력검정시험 문제지

기본 51회 1번

01 (가) 시대의 생활 모습으로 옳은 것은? [1점]

이 영상은 (가) 시대의 대표적 무덤인 고인돌의 축조 과정을 재현한 것입니다. 이처럼 축조에 많은 노동력이 동원되어야 한다는 점을 통해 당시에 권력을 가진 지배자가 있었음을 알 수 있습니다.

① 우경이 널리 보급되었다.
② 주로 동굴이나 막집에서 거주하였다.
③ 반달 돌칼을 사용하여 벼를 수확하였다.
④ 실을 뽑기 위해 가락바퀴를 처음 사용하였다.

기본 54회 2번

02 학생들이 공통으로 이야기하고 있는 나라에 대한 설명으로 옳은 것은? [2점]

한반도 남부에서 철기 문화를 바탕으로 발전하였어.

신지나 읍차 등의 지배자가 있었어.

씨뿌리기를 끝낸 5월과 추수를 마친 10월에 계절제를 지냈어.

① 서옥제라는 혼인 풍습이 있었다.
② 소도라고 불리는 신성 구역이 있었다.
③ 범금 8조를 만들어 사회 질서를 유지하였다.
④ 단궁, 과하마, 반어피 등의 특산물이 있었다.

기본 49회 3번

03 밑줄 그은 '이 나라'에 대한 설명으로 옳은 것은? [2점]

호암사에는 정사암이 있다. 이 나라에서 장차 재상을 의논할 때에 뽑을 만한 사람 서너 명의 이름을 써서 상자에 넣고 봉하여 바위 위에 두었다가. 얼마 후에 열어 보아 이름 위에 도장이 찍힌 자국이 있는 사람을 재상으로 삼았기 때문에 정사암이라고 하였다.

－『삼국유사』－

① 22담로를 두었다.
② 국학을 설립하였다.
③ 진대법을 실시하였다.
④ 골품제라는 신분제가 있었다.

기본 52회 4번

04 (가)에 해당하는 문화유산으로 옳은 것은? [2점]

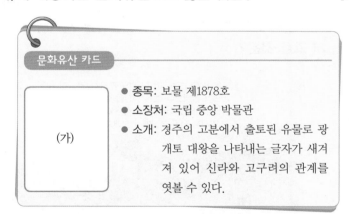

문화유산 카드

(가)

● 종목: 보물 제1878호
● 소장처: 국립 중앙 박물관
● 소개: 경주의 고분에서 출토된 유물로 광개토 대왕을 나타내는 글자가 새겨져 있어 신라와 고구려의 관계를 엿볼 수 있다.

①

금동 연가 7년명 여래 입상

②

호우명 그릇

③

철제 판갑옷과 투구

④

산수무늬 벽돌

기본 47회 4번

05 다음 가상 인터뷰에 등장하는 왕으로 옳은 것은? [2점]

① 성왕   ② 법흥왕   ③ 지증왕   ④ 근초고왕

기본 50회 6번

06 다음에서 보도하고 있는 사건이 일어난 시기를 연표에서 옳게 고른 것은? [3점]

391	427	554	612	668
(가)	(나)	(다)	(라)	
광개토 대왕 즉위	고구려 평양 천도	관산성 전투	살수 대첩	고구려 멸망

① (가)   ② (나)   ③ (다)   ④ (라)

기본 52회 7번

07 (가) 시기에 있었던 사실로 옳은 것은? [3점]

백제가 우리 신라의 여러 성을 빼앗았습니다. 군대를 파견하여 도와주십시오.

죽령 서북 땅은 본래 우리 것이니, 그곳을 돌려준다면 군사를 보내줄 것이오.

보장왕 / 김춘추 / 연개소문

(가)

이곳 황산벌에서 신라군에 맞서 죽을 각오로 싸우자!

계백

① 신라와 당이 동맹을 맺었다.
② 백제가 수도를 사비로 옮겼다.
③ 대가야가 가야 연맹을 주도하였다.
④ 고구려가 살수에서 수의 대군을 격파하였다.

기본 50회 9번

08 (가) 국가에 대한 설명으로 옳은 것은? [1점]

> 옛날 북쪽에 고구려, 서남쪽에 백제, 동남쪽에 신라가 있어서 이것을 삼국이라 하였다. 여기에는 마땅히 삼국사가 있어야 하고, 고려가 편찬하였으니 잘한 일이다.
> 고구려와 백제가 망한 다음에 남쪽에 신라, 북쪽에 ___(가)___ 이/가 있으니 이를 남북국이라 하였다. 여기에는 마땅히 남북국사가 있어야 하는데, 고려가 편찬하지 않은 것은 잘못이다.

① 지방에 22담로를 두었다.
② 전성기에 해동성국이라 불렸다.
③ 중앙군으로 9서당을 설치하였다.
④ 영락이라는 독자적 연호를 사용하였다.

기본 55회 8번

09 다음 퀴즈의 정답으로 옳은 것은? [1점]

① 설총   ② 이사부   ③ 이차돈   ④ 최치원

기본 48회 11번

11 다음 역사 다큐멘터리의 제목으로 가장 적절한 것은? [2점]

① 광종, 왕권 강화를 도모하다.
② 인종, 서경 천도를 계획하다.
③ 태조, 북진 정책을 추진하다.
④ 현종, 지방 제도를 정비하다.

기본 47회 16번

12 (가)에 들어갈 문화유산으로 옳은 것은? [2점]

기본 54회 10번

10 (가)에 들어갈 내용으로 옳은 것은? [2점]

(앞면)   (뒷면)

① 철원으로 천도함
② 후백제를 건국함
③ 훈요 10조를 남김
④ 경주의 사심관으로 임명됨

전등사 대웅전

금산사 미륵전

부석사 무량수전

법주사 팔상전

13 (가)에 들어갈 내용으로 옳은 것은? [2점]

기본 54회 15번

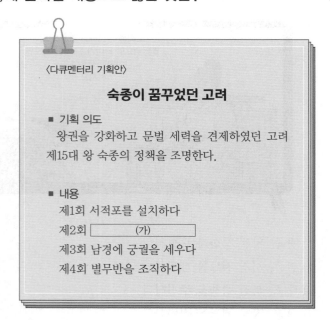

〈다큐멘터리 기획안〉

숙종이 꿈꾸었던 고려

■ 기획 의도
  왕권을 강화하고 문벌 세력을 견제하였던 고려 제15대 왕 숙종의 정책을 조명한다.

■ 내용
  제1회 서적포를 설치하다
  제2회   (가)
  제3회 남경에 궁궐을 세우다
  제4회 별무반을 조직하다

① 규장각을 설치하다
② 해동통보를 제작하다
③ 노비안검법을 실시하다
④ 쌍성총관부를 공격하다

14 (가) 시기에 있었던 사실로 옳은 것은?

기본 48회 14번

[3점]

문신은 보이는 대로 모두 없애라!

이곳 진도에서 우리 삼별초는 적에 맞서 끝까지 항전할 것이다.

정중부   (가)   배중손

① 김헌창이 난을 일으켰다.
② 최우가 정방을 설치하였다.
③ 묘청이 금 정벌을 주장하였다.
④ 서희가 강동 6주를 획득하였다.

15 교사의 질문에 대한 학생의 답변으로 옳지 않은 것은? [1점]

기본 54회 17번

고려의 사회 모습에 대해 말해 볼까요?

① 의창이 운영되었습니다.
② 팔관회가 개최되었습니다.
③ 골품제가 실시되었습니다.
④ 여성이 호주가 될 수 있었습니다.

16 밑줄 그은 '이 시기'에 있었던 사실로 옳지 않은 것은? [2점]

기본 49회 14번

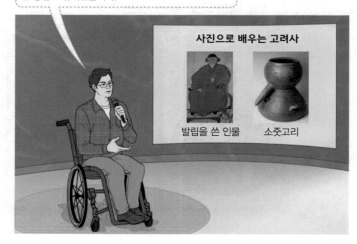

원의 공주를 왕비로 맞아들이던 이 시기에는 몽골식 변발과 발립이 유행하였습니다. 또한 소주를 제조하는 방법도 전해졌습니다.

사진으로 배우는 고려사

발립을 쓴 인물   소줏고리

① 정동행성이 설치되었다.
② 권문세족이 높은 관직을 독점하였다.
③ 여진 정벌을 위해 별무반이 편성되었다.
④ 결혼도감을 통해 여성들이 공녀로 보내졌다.

17 (가)에 들어갈 세시 풍속으로 옳은 것은? [1점]

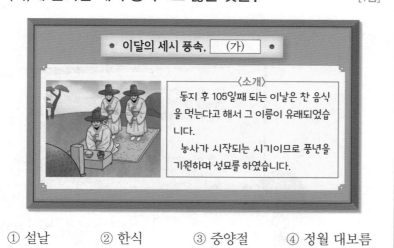

● 이달의 세시 풍속, (가)

〈소개〉

동지 후 105일째 되는 이날은 찬 음식을 먹는다고 해서 그 이름이 유래되었습니다.

농사가 시작되는 시기이므로 풍년을 기원하며 성묘를 하였습니다.

① 설날   ② 한식   ③ 중양절   ④ 정월 대보름

18 밑줄 그은 '역법서'로 옳은 것은? [1점]

서운관에서 일식을 예보했는데 어찌 일각의 시간 차가 나는 것인가?

중국의 역법을 사용하다 보니 차이가 있사옵니다.

우리 실정에 맞는 역법서를 만드시오.

분부대로 거행하겠습니다.

세종

세종

① 금양잡록   ② 농사직설   ③ 삼강행실도   ④ 칠정산내편

19 다음 학생이 생각하고 있는 기구로 옳은 것은? [2점]

조선의 중앙 정치 기구 중 하나였어.

왕명의 출납을 담당하였어.

6명의 승지가 있었어.

① 사간원   ② 사헌부   ③ 승정원   ④ 홍문관

20 다음 대화 이후에 전개된 사실로 옳은 것은? [3점]

이조 전랑 김효원의 후임으로 심충겸을 추천했으면 합니다.

심충겸은 외척이므로 이조 전랑에 마땅치 않습니다.

① 기묘사화가 일어났다.

② 신진 사대부가 등장하였다.

③ 수양 대군이 권력을 장악하였다.

④ 사림이 동인과 서인으로 나뉘었다.

21 (가) 시기에 있었던 사실로 옳은 것은? [2점]

이곳 탄금대에서 배수진을 치고 적을 섬멸하라!

신립

(가)

칠천량에서는 패배했지만 아직 우리에게는 열두 척의 배가 남아 있다!

이순신

① 최영이 홍산에서 왜구를 물리쳤다.

② 강감찬이 귀주에서 거란을 격퇴하였다.

③ 권율이 행주산성에서 대승을 거두었다.

④ 김윤후가 처인성에서 적을 막아내었다.

제1회 한국사능력검정시험 문제지

22 (가)에 들어갈 문화유산으로 옳은 것은? [2점]

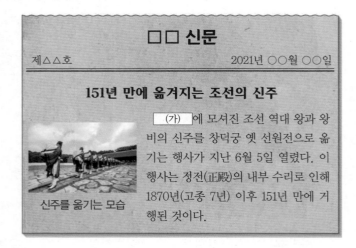

□□ 신문

제△△호   2021년 ○○월 ○○일

151년 만에 옮겨지는 조선의 신주

(가) 에 모셔진 조선 역대 왕과 왕비의 신주를 창덕궁 옛 선원전으로 옮기는 행사가 지난 6월 5일 열렸다. 이 행사는 정전(正殿)의 내부 수리로 인해 1870년(고종 7년) 이후 151년 만에 거행된 것이다.

신주를 옮기는 모습

① 종묘　　② 사직단　　③ 성균관　　④ 도산 서원

23 (가)에 들어갈 화폐로 옳은 것은? [2점]

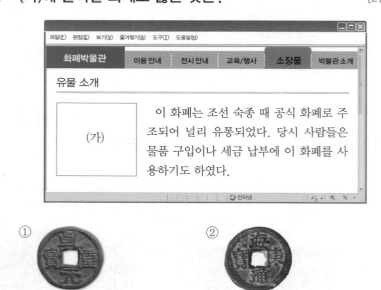

화폐박물관 | 이용 안내 | 전시 안내 | 교육/행사 | 소장품 | 박물관 소개

유물 소개

(가)

이 화폐는 조선 숙종 때 공식 화폐로 주조되어 널리 유통되었다. 당시 사람들은 물품 구입이나 세금 납부에 이 화폐를 사용하기도 하였다.

① 건원중보　　② 해동통보　　③ 상평통보　　④ 백동화

24 교사의 질문에 대한 학생의 답변으로 옳지 않은 것은? [3점]

현종 때 있었던 두 차례의 예송에 대해 발표해 볼까요?

① 서인과 남인이 예법을 둘러싸고 대립한 것이에요.

② 조광조 일파가 축출되는 결과를 가져왔어요.

③ 자의 대비가 상복을 입는 기간이 문제가 되었어요.

④ 효종과 효종비가 죽은 뒤 각각 일어났어요.

25 밑줄 그은 '이 그림'이 그려진 시기에 볼 수 있는 모습으로 적절하지 않은 것은? [2점]

이 그림은 서당의 모습을 그린 김홍도의 풍속화입니다. 훈장 앞에서 훌쩍이는 학생과 이를 바라보는 다른 학생들의 모습이 생생하게 표현되어 있습니다.

① 한글 소설을 읽는 여인
② 청화 백자를 만드는 도공
③ 판소리 공연을 하는 소리꾼
④ 초조대장경을 제작하는 장인

26 (가)에 해당하는 제도로 옳은 것은? [1점]

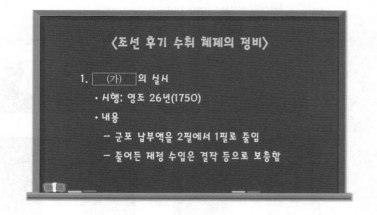

〈조선 후기 수취 체제의 정비〉

1. (가) 의 실시
· 시행: 영조 26년(1750)
· 내용
  - 군포 납부액을 2필에서 1필로 줄임
  - 줄어든 재정 수입은 결작 등으로 보충함

① 균역법　　② 대동법　　③ 영정법　　④ 직전법

27 밑줄 그은 '봉기' 이후 정부의 대책으로 옳은 것은? [2점]

① 흑창을 두었다.
② 신해통공을 실시하였다.
③ 삼정이정청을 설치하였다.
④ 전민변정도감을 운영하였다.

28 (가)에 들어갈 문화유산으로 옳은 것은? [1점]

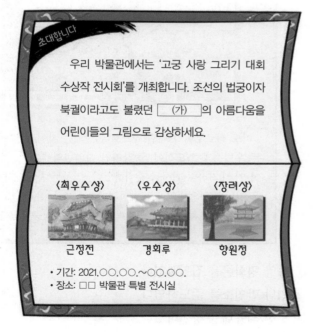

① 경복궁 ② 덕수궁 ③ 창경궁 ④ 창덕궁

29 밑줄 그은 '이 사건'에 대한 설명으로 옳은 것은? [2점]

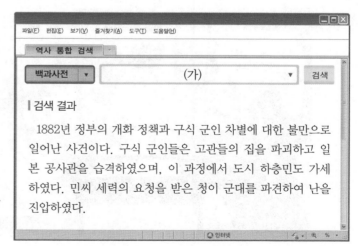

이곳은 어재연 장군의 생가입니다. 미군이 통상을 강요하며 강화도를 침략한 이 사건 당시 그는 광성보에서 맞서 싸우다 전사하였습니다.

① 삼국 간섭이 일어나는 배경이 되었다.
② 제너럴 셔먼호 사건이 빌미가 되었다.
③ 운요호의 초지진 공격으로 시작되었다.
④ 제물포 조약이 체결되는 계기가 되었다.

30 (가)에 들어갈 사건으로 옳은 것은? [1점]

역사 통합 검색

백과사전 ▼ | (가) | ▼ | 검색

검색 결과

1882년 정부의 개화 정책과 구식 군인 차별에 대한 불만으로 일어난 사건이다. 구식 군인들은 고관들의 집을 파괴하고 일본 공사관을 습격하였으며, 이 과정에서 도시 하층민도 가세하였다. 민씨 세력의 요청을 받은 청이 군대를 파견하여 난을 진압하였다.

① 임오군란   ② 삼국 간섭
③ 거문도 사건   ④ 임술 농민 봉기

제1회 한국사능력검정시험 문제지

31 밑줄 그은 '변고'가 일어난 시기를 연표에서 옳게 고른 것은? [3점]

> **답서**
> 영종 첨사 명의로 답서를 보냈다.
>
> 귀국과 우리나라 사이에는 원래 소통이 없었고, 은혜를 입거나 원수를 진 일도 없었다. 그런데 이번 덕산 묘지 (남연군 묘)에서 일으킨 <u>변고</u>는 사람으로서 차마 할 수 있는 일이겠는가? …… 이런 지경에 이르렀으니 우리나라 신하와 백성은 있는 힘을 다하여 한마음으로 귀국과는 같은 하늘을 이고 살 수 없다는 것을 맹세한다.

1863		1876		1884		1894		1905
	(가)		(나)		(다)		(라)	
고종 즉위		강화도 조약		갑신 정변		갑오 개혁		을사 늑약

① (가) ② (나) ③ (다) ④ (라)

---

32 밑줄 그은 '신문'으로 옳은 것은? [2점]

① 만세보 ② 한성순보
③ 황성신문 ④ 대한매일신보

---

33 (가) 단체의 활동으로 옳은 것은? [2점]

> **(가)** , 애국 계몽 운동을 펼치다
>
> 안창호
>
> 안창호, 양기탁 등이 중심이 되어 조직한 비밀 결사로, 국권 회복과 공화 정체의 근대 국가 건설을 목표로 하였다.
> 이를 위해 국내에서는 교육 진흥, 국민 계몽, 산업 진흥을 강조하였다. 국외에서는 독립운동 기지 건설을 통한 군사적 실력 양성을 꾀하였다.
> 일제가 날조한 105인 사건으로 국내 조직이 해산되었다.

① 독립신문을 창간하였다.
② 한성 사범 학교를 설립하였다.
③ 태극 서관, 자기 회사를 운영하였다.
④ 일본의 황무지 개간권 요구를 저지하였다.

---

34 (가) 인물의 활동으로 옳은 것은? [3점]

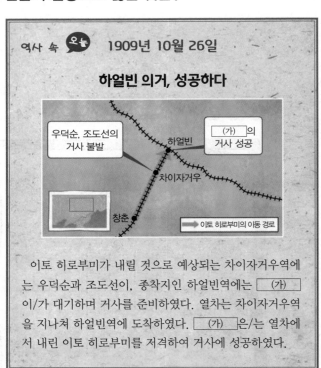

> 이토 히로부미가 내릴 것으로 예상되는 차이자거우역에는 우덕순과 조도선이, 종착지인 하얼빈역에는 (가) 이/가 대기하며 거사를 준비하였다. 열차는 차이자거우역을 지나쳐 하얼빈역에 도착하였다. (가) 은/는 열차에서 내린 이토 히로부미를 저격하여 거사에 성공하였다.

① 동양 평화론을 집필하였다.
② 영남 만인소를 주도하였다.
③ 조선 의용대를 창설하였다.
④ 헤이그에 특사로 파견되었다.

35 밑줄 그은 '특사'에 대한 설명으로 옳은 것은? [2점]

말풍선 내용:
- 그는 1907년 만국 평화 회의에 특사로 파견되었어.
- 이상설, 이위종도 함께 활동했었지.
- 여기가 이준 열사가 묻힌 곳이구나.

① 서양에 파견된 최초의 사절단이었다.
② 조선책략을 국내에 처음 소개하였다.
③ 기기국에서 무기 제조 기술을 배우고 돌아왔다.
④ 을사늑약의 부당함을 전 세계에 알리고자 하였다.

36 (가)~(다)를 일어난 순서대로 옳게 나열한 것은? [2점]

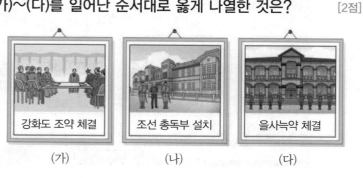

강화도 조약 체결	조선 총독부 설치	을사늑약 체결
(가)	(나)	(다)

① (가) – (나) – (다)
② (가) – (다) – (나)
③ (다) – (가) – (나)
④ (다) – (나) – (가)

37 (가)에 들어갈 사진으로 옳은 것은? [2점]

사진으로 보는 일제 강점기
- 1910년대 -

 헌병 경찰
 칼을 휴대한 교사
(가)

① 별기군
② 토지 조사 사업
③ 산미 증식 계획
④ 강제 공출

38 밑줄 그은 '이 단체'로 옳은 것은? [3점]

말풍선 내용:
- 역사 토크
- 1910년대에 국내에서도 항일 독립 운동이 전개되었다고요?
- 네, 맞습니다. 박상진을 중심으로 1915년에 대구에서 결성된 이 단체가 대표적입니다.
- 공화 정치를 목표로 했으며 주로 독립 전쟁 자금 모금, 친일파 처단 등의 활동을 하였지요.

① 대한 광복회
② 조선어 학회
③ 조선 형평사
④ 한인 애국단

기본 51회 38번

39 밑줄 그은 '만세 시위'에 대한 설명으로 옳은 것은? [2점]

① 순종의 인산일에 전개되었다.
② 만주, 연해주, 미주 등지로 확산하였다.
③ 일제의 황무지 개간권 요구를 철회시켰다.
④ 러시아의 내정 간섭과 이권 침탈을 규탄하였다.

기본 50회 34번

40 (가)에 들어갈 민족 운동에 대한 설명으로 옳은 것은? [3점]

① 신간회 창립의 계기가 되었다.
② 을미사변에 반발하여 일어났다.
③ 대한민국 임시 정부 수립에 영향을 끼쳤다.
④ 동아일보의 적극적인 지원을 받아 진행되었다.

기본 55회 42번

41 교사의 질문에 대한 학생의 답변으로 옳은 것은? [2점]

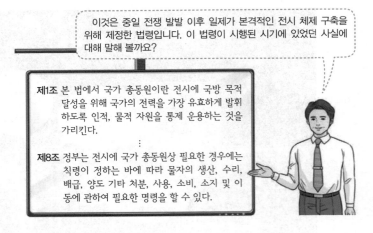

① 헌병 경찰제가 실시되었어요.
② 경성 제국 대학이 설립되었어요.
③ 국채 보상 운동이 전개되었어요.
④ 황국 신민 서사의 암송이 강요되었어요.

기본 51회 43번

42 (가)에 들어갈 단체로 옳은 것은? [2점]

① 의열단　　　　　　② 중광단
③ 대한 광복회　　　　④ 한인 애국단

기본 55회 44번

43 (가)에 해당하는 인물로 옳은 것은? [1점]

한국사 설문 조사

일본 유학 중 독립운동 혐의로 수감되어 옥사한 저항 시인,
(가) 하면 떠오르는 작품에 스티커를 붙여 주세요.

| 서시 | 별 헤는 밤 | 쉽게 씌여진 시 |

① 심훈

② 윤동주

③ 이육사

④ 한용운

기본 54회 33번

45 (가)에 들어갈 문화유산으로 옳은 것은? [2점]

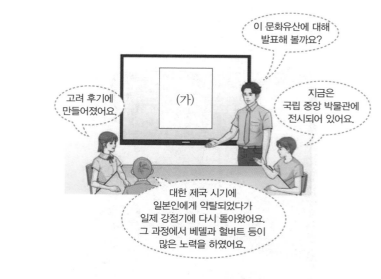

이 문화유산에 대해 발표해 볼까요?

고려 후기에 만들어졌어요.

지금은 국립 중앙 박물관에 전시되어 있어요.

대한 제국 시기에 일본인에게 약탈되었다가 일제 강점기에 다시 돌아왔어요. 그 과정에서 베델과 헐버트 등이 많은 노력을 하였어요.

① 불국사 다보탑

② 분황사 모전 석탑

③ 정림사지 오층 석탑

④ 경천사지 십층 석탑

기본 55회 45번

44 (가) 군대에 대한 설명으로 옳은 것은? [2점]

이달의 독립운동가

1940년 대한민국 임시 정부가 창설한
(가) 의 총사령관

지청천 장군
(1888~1957)

① 자유시 참변으로 큰 타격을 입었다.
② 봉오동 전투에서 일본군을 격퇴하였다.
③ 미군과 연계하여 국내 진공 작전을 계획하였다.
④ 흥경성에서 중국 의용군과 연합 작전을 펼쳤다.

기본 50회 46번

46 (가)에 들어갈 내용으로 가장 적절한 것은? [2점]

모둠별 탐구 활동

주제: (가)

1모둠
모스크바 3국 외상 회의 결과를 찾아본다.

2모둠
좌우 합작 운동의 의미를 파악한다.

3모둠
5 · 10 총선거 과정을 알아본다.

① 헤이그 특사 파견 배경
② 대한민국 정부 수립 과정
③ 국민 대표 회의 개최 원인
④ 한일 기본 조약 체결 결과

제1회 한국사능력검정시험 문제지

47 밑줄 그은 '이 전쟁' 중에 있었던 사실로 옳은 것은? [2점]

> 이것은 이우근의 편지를 새긴 조형물입니다. 그는 이 전쟁 당시 학도의용군으로 포항여중 전투에서 북한군과 싸우다 전사하였습니다. 그가 쓴 편지에는 동족상잔의 비극, 어머니에 대한 그리움이 담겨져 있습니다.

① 미국이 애치슨 선언을 발표하였다.
② 조선 건국 준비 위원회가 결성되었다.
③ 16개국으로 구성된 유엔군이 참전하였다.
④ 13도 창의군이 서울 진공 작전을 전개하였다.

48 (가) 민주화 운동에 대한 설명으로 옳은 것은? [2점]

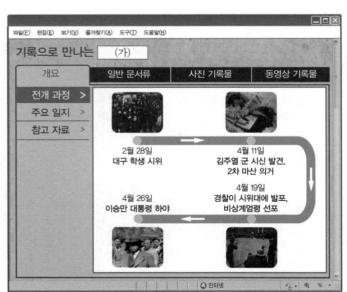

① 3 · 15 부정 선거에 항의하였다.
② 4 · 13 호헌 조치 철폐를 요구하였다.
③ 유신 체제가 붕괴하는 계기가 되었다.
④ 신군부의 비상계엄 확대에 반대하였다.

49 (가), (나) 사이의 시기에 있었던 사실로 옳은 것은? [3점]

> (가) 마침내 국회에서 유상 매수, 유상 분배를 원칙으로 하는 농지 개혁법이 통과되어 공포일부터 실시될 예정이다. 이 법이 실시되면 지주와 소작인을 구분하는 기존의 관념도 점차 사라질 것으로 보인다.
>
> (나) 유가 및 금리 하락, 달러화 약세 등 '3저(低)'의 호재가 찾아왔다. 제2차 석유 파동이 발생한지 7년여 만에 맞이한 이 기회를 놓치지 않고 잘 대응한다면, 경제 성장의 커다란 전기를 마련할 수 있을 것으로 기대된다.

① 수출 100억 달러를 처음 달성하였다.
② G20 정상 회의를 서울에서 개최하였다.
③ 미국과 자유 무역 협정(FTA)을 체결하였다.
④ 경제 협력 개발 기구(OECD)에 가입하였다.

50 밑줄 그은 '정부'의 통일 노력으로 옳은 것은? [2점]

① 남북 조절 위원회를 개최하였다.
② 남북한이 유엔에 동시 가입하였다.
③ 6 · 15 남북 공동 선언을 발표하였다.
④ 최초로 남북 간 이산가족 상봉을 성사시켰다.